LETTERHEAD & LOGO DESIGN 9

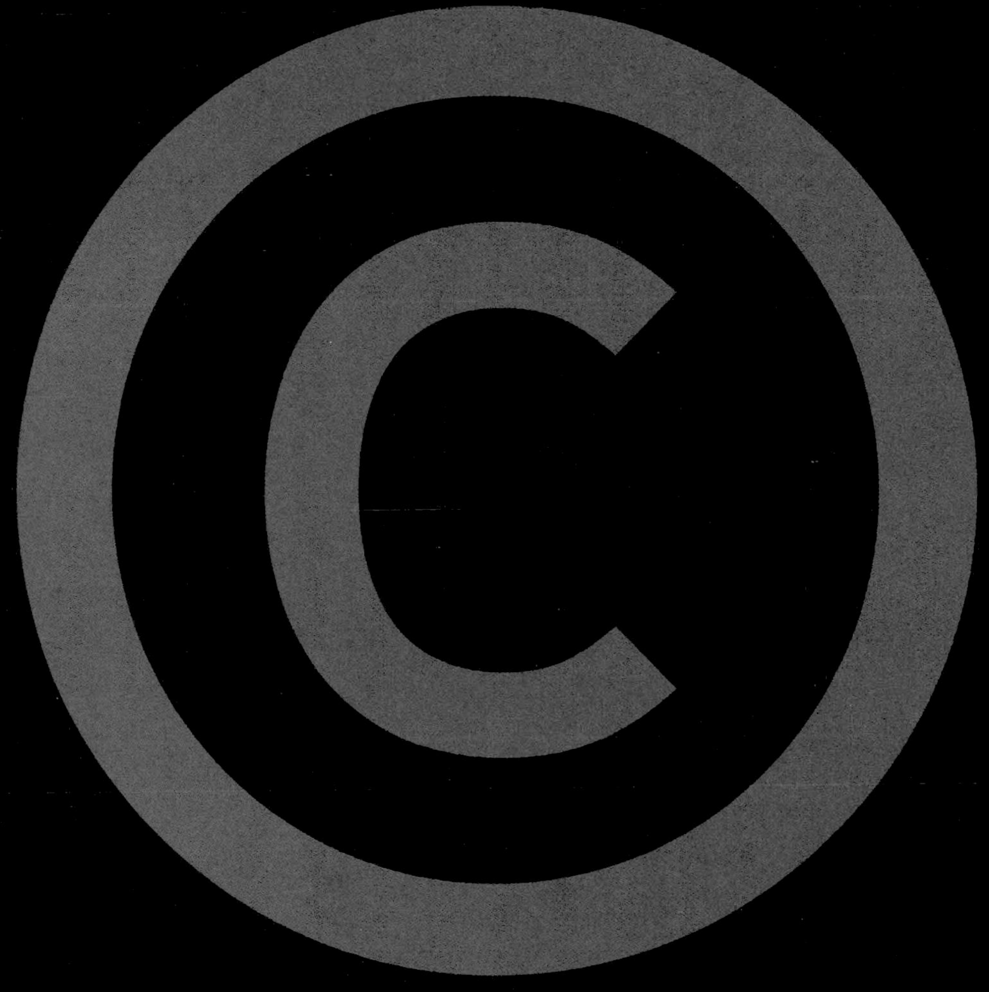

First published in the United States of America by Rockport Publishers, a member of Quayside Publishing Group
33 Commercial Street
Gloucester, Massachusetts 01930-5089
Telephone: (978) 282-9590
Fax: (978) 283-2742
www.rockpub.com

Printed in China

ISBN-13: 978-1-59253-182-0
ISBN-10: 1-59253-182-2

10 9 8 7 6 5 4

Design: MINE™
www.minesf.com

Opposite: 9 Lives logo
Firm: Blackdog
Designer/Illustrator: Mark Fox
Art Director: Jeff Carino
Client: Eveready Battery Co.
Agency: Landor

LETTERHEAD & LOGO DESIGN 9

ROCKPORT PUBLISHERS

GLOUCESTER MASSACHUSETTS

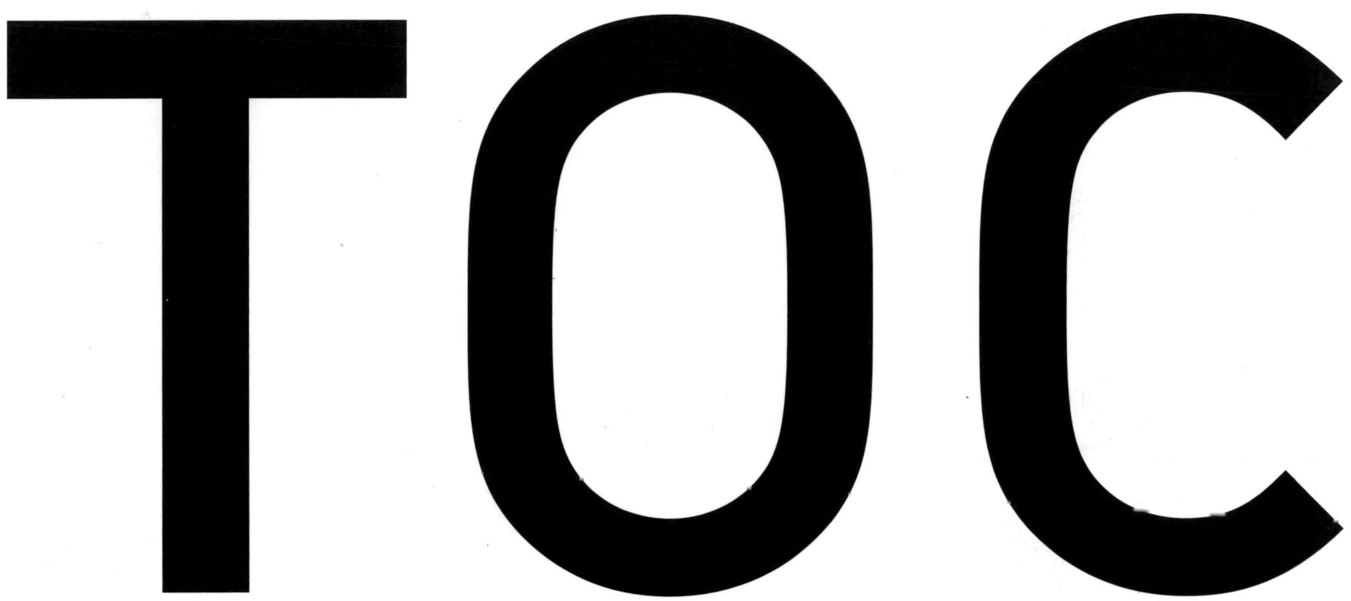

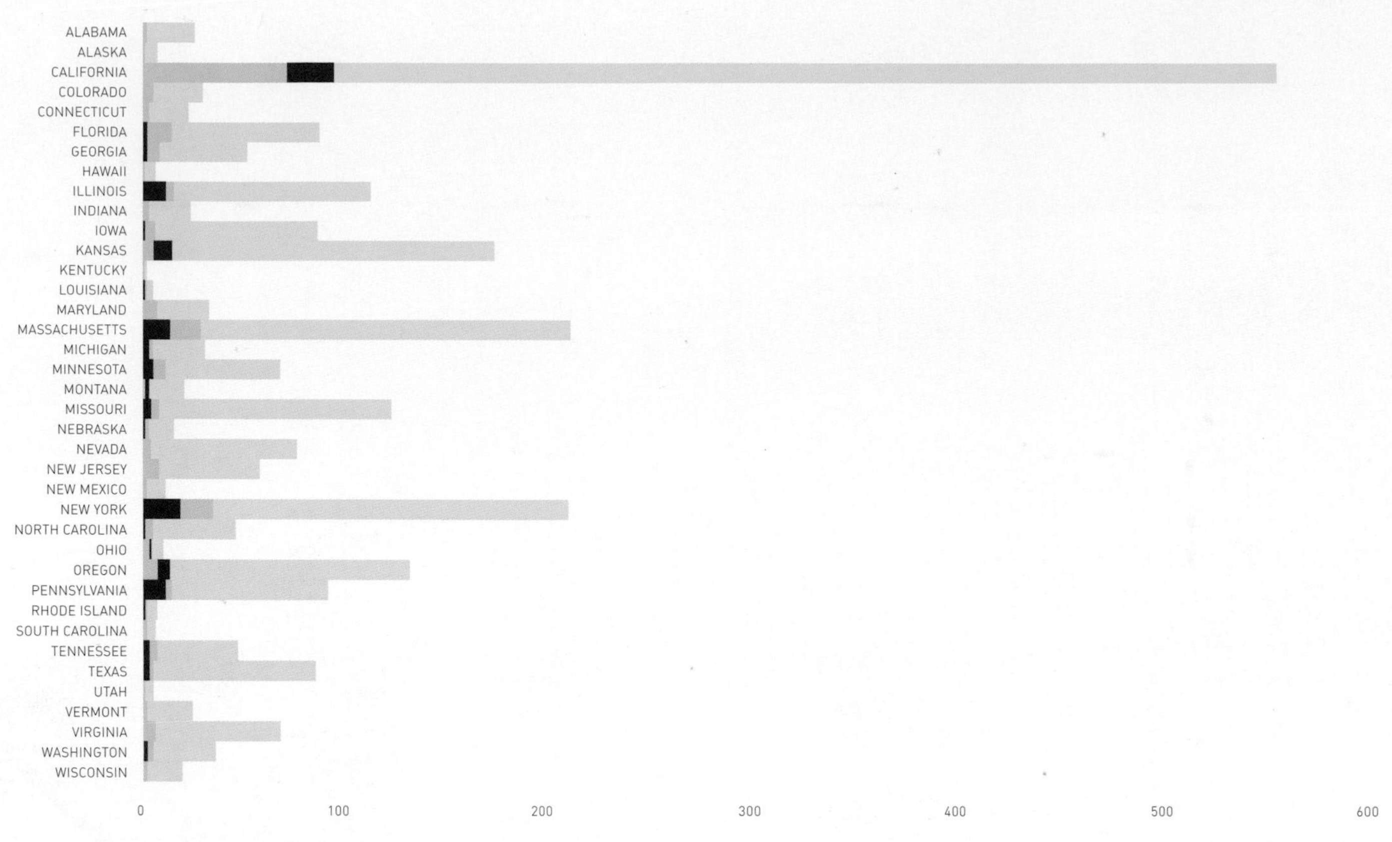

ARGENTINA
AUSTRALIA
AUSTRIA
BELGIUM
BRAZIL
CANADA
CROATIA
DENMARK
FRANCE
GERMANY
HUNGARY
ICELAND
INDIA
IRAN
IRELAND
ISRAEL
ITALY
KUWAIT
LEBANON
MEXICO
NETHERLANDS
NEW ZEALAND
NORWAY
PERU
PHILLIPINES
PORTUGAL
ROMANIA
RUSSIA
SINGAPORE
SLOVENIA
SPAIN
SOUTH AFRICA
SWEDEN
SWITZERLAND
TAIWAN
TURKEY
UKRAINE
UNITED KINGDOM

0 20 40 60 80 100 120

BY THE NUMBERS: SUBMITTING FIRMS SUBMITTED ENTRIES SELECTED ENTRIES

The wonderful thing about design

The wonderful thing about design is its diversity, its individuality. For every problem there are an infinite number of solutions. In the face of such inestimable quantity, however, successful design is nonetheless a qualitative experience—one in which context is as important as content, and for which concept trumps all. How then, does one go about assembling a collection of design work, and presenting it in a way that is both meaningful and informative?

In compiling this book, we considered origin, intent, and authenticity as qualifying factors (in addition, of course, to an underlying commitment to graphic excellence). We received more than 3,000 submissions, contributed from 38 U.S. states and 40 countries. Of these, some 300 are presented here as representative of the best work being done in their respective localities. To better present the solutions, they are collated based on their qualitative attributes, rather than being organized simply by client type or industry. As you review this book, consider the work both individually and collectively. Each entry is included for its own merit, but each spread and each section also contains its own, secondary, narrative. We hope that it will inform, entertain, inspire, and enlighten.

Enjoy.

The Author

Christopher Simmons is a designer, writer, and educator. His passion and interest in exploring the increasingly complex notion of identity has lead him to develop and teach courses on the subject at the California College of the Arts and San Francisco's Academy of Art University. An advocate for the power of design, he also lectures at colleges, universities, and professional associations on topics ranging from collaborative work models and the role of language in graphic design to issues of professional, ethical, and sustainable practice. His first book, *Logo Lab*, was released in June 2005. Christopher is the president of the San Francisco chapter of the American Institute of Graphic Arts (AIGA).

In 2004, Christopher launched his own independent design office, affectionately named MINE™.

MINE was founded with the philosophy that good design is good business, and that working smart beats working big. A multidisciplinary studio, MINE offers innovative and informed solutions as tools to support corporate, enterprise, and nonprofit organizations. Emphasizing intelligence-based design and sound strategic thinking, MINE seeks to create definitive, stand-out work that projects a unique position of leadership and promotes the highest standards of excellence.

MINE™ 190 PUTNAM STREET SAN FRANCISCO CA 94110 415 647 6463 WWW.MINESF.COM

1

2

3

PREVIOUS PAGE | **MINE™** | DESIGNER/ART DIRECTOR **CHRISTOPHER SIMMONS** | ILLUSTRATOR **NATHAN WILSON**

1 **FREE SPEECH** | DESIGNER **CHRISTOPHER SIMMONS** | PROMOTIONAL T-SHIRT GRAPHIC

2 **CERTIFIED VEGAN** | DESIGNER **CHRISTOPHER SIMMONS** | LOGO TO IDENTIFY CERTIFIED VEGAN FOODS

3 **RED DEVILS** | DESIGNER **CHRISTOPHER SIMMONS** | INDEPENDENT SOCCER TEAM LOGO

1

(L+M)P

The Power of Partnership

2

3

4

1 **LABOR MANAGEMENT PARTNERSHIP*** | DESIGNER **CHRISTOPHER SIMMONS** | INITIATIVE TO UNIFY THE MANAGEMENT AND UNIONS OF KAISER PERMANENTE
2 **VISUAL QUICKPROJECT** | DESIGNER **CHRISTOPHER SIMMONS** | INSTRUCTIONAL BOOK SERIES, PEACHPIT PRESS
3 **HARTMAN GRIFFIN ASSOCIATES*** | DESIGNERS **CHRISTOPHER SIMMONS, AMBER REED** | MONOGRAM FOR AN INDEPENDENT DEVELOPMENT CONSULTANT
4 **ACADEMY FRESNO*** | DESIGNER **CHRISTOPHER SIMMONS** | CREST FOR A PUBLIC COLLEGE PREPARATORY SCHOOL

* PROJECT DESIGNED WHILE A PRINCIPAL AT ALTERPOP, PRIOR TO FOUNDING MINE™

1 comira

2 

3 

1 **COMIRA** | DESIGNER **CHRISTOPHER SIMMONS** | COMPUTER-BASED TESTING PROVIDER
2 **RICH STEEL** | DESIGNER **CHRISTOPHER SIMMONS** | TRAVEL WRITER
3 **NEUVA WAVE** | DESIGNER **CHRISTOPHER SIMMONS** | SPORTS TEAM LOGO FOR A PRIVATE SCHOOL
FACING PAGE | **PARADOX MEDIA** | DESIGNER **CHRISTOPHER SIMMONS** | LOGO AND STATIONERY FOR AN EVENT PRODUCTION COMPANY

PARADOX
PRODUCTION PROMOTION DESIGN
PARADOX MEDIA PO BOX 3974 BERKELEY CA 94703

PARADOX
PRODUCTION PROMOTION DESIGN
JUSTIN KATZ
JUSTIN@PARADOXMEDIA.BIZ
510.506.2210
PARADOX MEDIA
PO BOX 3974
BERKELEY CA 94703

Beauty: The grace of nature, the elegance of a curve, the harmony or tension realized through an inspired sense of proportion or scale. From the nostalgic vernacular of a Havana street scene to the sleek functionality of a contemporary transmittal, we found beauty here in a pleasing variety of its infinite forms.

1

2

3

1 **FIREFLY STUDIO PTE LTD** | ART DIRECTORS **JAE SOH, NORMAN LAI** | DESIGNERS **JAE SOH, JAS SOH** | CLIENT **O BAR**
2 **PARAGON MARKETING COMMUNICATIONS** | ART DIRECTOR **LOUAI ALASFAHANI** | DESIGNER **KHALID AL RIFAE** | CLIENT **DEVELOPMENT ENTERPRISES**
3 **NOON** | ART DIRECTOR **CINTHIA WEN** | DESIGNER **ELLEN MALINOWSKI** | CLIENT **ICG**

1

coupling

2

HEALTH FIRST™

3

nine (GALLERY)

1 **COLOUR MOVIE** | ART DIRECTORS **MICHELLE HAMMOND, BRANDON MARTINEZ** | DESIGNER **FIEL VALDEZ** | CLIENT **NBC**
2 **WOW! BRANDING** | ART DIRECTOR **PERRY CHUA** | DESIGNER **WILL JOHNSON** | CLIENT **HEALTH FIRST NETWORK**
3 **EMPIRE DESIGN STUDIO** | ART DIRECTOR **GARY TOOTH** | DESIGNER **CARRIE HAMILTON** | CLIENT **RALPH PUCCI**
FACING PAGE | **OCTAVO DESIGN** | ART DIRECTOR **GARY DOMONEY** | CLIENT **KEY FINANCIAL GROUP**

key financial group
key financial group pty ltd abn 45 725 818 185
187 ferrars st southbank victoria 3205 australia
telephone: 03 9696 4411 info@keyfinancial.com.au
facsimile: 03 9696 4611 www.keyfinancial.com.au
key financial group

Landscape Architects
& Urban Designers

1818 Harmon Street Suite 2
Berkeley, California 94703
510.985.1293 Phone
510.985.1263 Fax
www.omgstudio.com

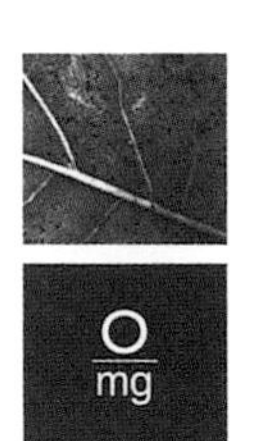

Landscape Architects
& Urban Designers

1818 Harmon Street Suite 2
Berkeley, California 94703

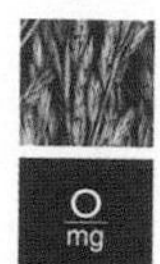

Aaron Siskind
FOUNDATION

Board of Directors
Judith Jacobs
Ira Lowe
Victor Schrager
Charles Traub

Executive Director
Anne Coleman Torrey

c/o School of Visual Arts
MFA Photography
209 East 23rd Street
New York, NY 10010

www.aaronsiskind.org
info@aaronsiskind.org

Aaron Siskind
FOUNDATION

c/o School of Visual Arts
MFA Photography
209 East 23rd Street
New York, NY 10010

www.aaronsiskind.org

Aaron Siskind
FOUNDATION

Charles Traub
President, Board of Directors

c/o School of Visual Arts
MFA Photography
209 East 23rd Street
New York, NY 10010

212.677.8310

www.aaronsiskind.org
info@aaronsiskind.org

FACING PAGE | **STOLLER DESIGN GROUP** | ART DIORECTOR **TIA STOLLER** | DESIGNER **LEE QUEZA** | CLIENT **OMG OFFICES OF MATTHEW GABER**
MALCOLM GREAR DESIGNERS | DESIGNER **MALCOLM GREAR DESIGNERS** | CLIENT **AARON SISKIND FOUNDATION**

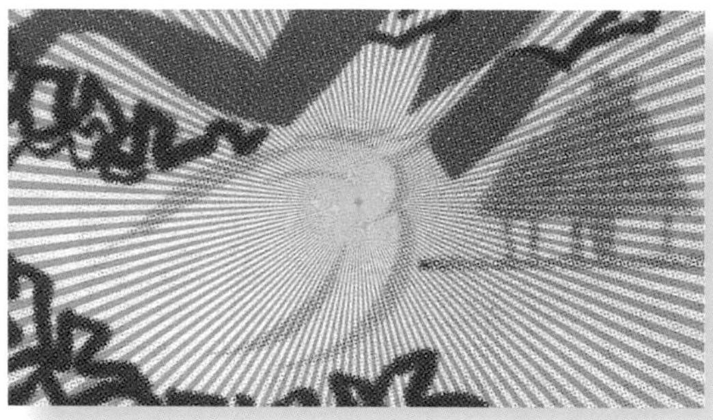

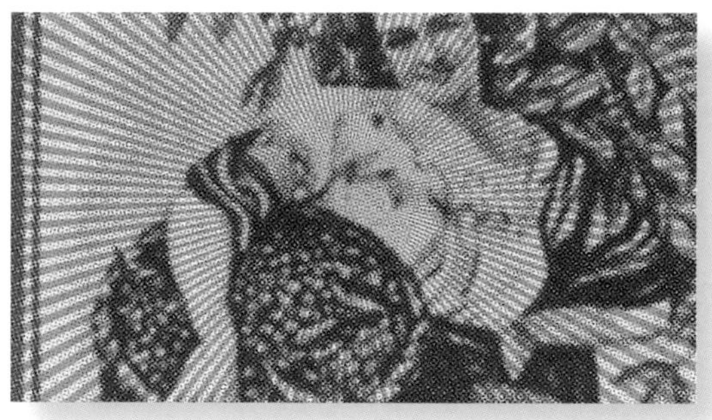

PUBLIC | ART DIRECTOR **TODD FOREMAN** | DESIGNERS **TESSA LEE, NANCY THOMAS, LINDSAY WHEELER** | CLIENT **CHUCK'S COFFEE COMPANY**

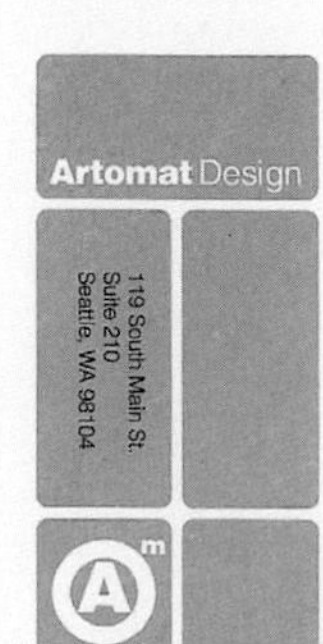

ARTOMAT DESIGN | DESIGNERS **MARK KAUFMAN, JACQUELINE MCCARTHY** | CLIENT **ARTOMAT DESIGN**

TEMPLIN BRINK DESIGN | ART DIRECTORS **JOEL TEMPLIN, GABY BRINK** | DESIGNER **BRIAN GUNDERSON** | CLIENT **SUMMIT ID**

NED JALBERT
AMERICAN INDIAN MASTERWORKS
57 East Main Street, Westboro, MA 01581
(508) 836-9999 voice

FACING PAGE | **MDG** | ART DIRECTOR **TIM MERRY** | DESIGNER **MIKE EATON** | CLIENT **NED JALBERT**
JOSHUA MCDONNELL | DESIGNER **JOSHUA MCDONNELL** | CLIENT **PARADISE**

VRONTIKIS DESIGN OFFICE | ART DIRECTORS **PETRULA VRONTIKIS** | DESIGNER **TRINA LUONG** CLIENT | **VRONTIKIS DESIGN OFFICE**

Axcelerator Home Loans
We put you in control
Level 1, 150 Albert Street
South Melbourne
Victoria 3205 Australia
Telephone 03 9686 3322
Facsimile 03 9686 3518
www.axcelerator.com.au

Axcelerator Home Loans Pty Ltd
ABN 85 103 853 023. Member MIAA

OCTAVO DESIGN | ART DIRECTORS **GARY DOMONEY** | CLIENT **AXCELERATOR HOME LOANS**

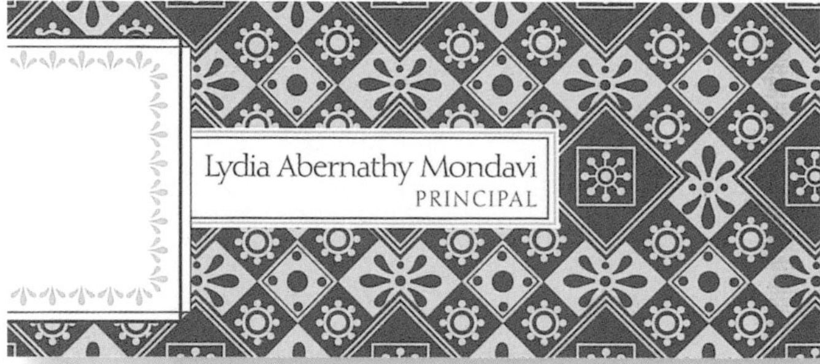

THE JONES GROUP | ART DIRECTOR **VICKY JONES** | DESIGNER **CHRIS MILLER** | CLIENT **THE ABERNATHY GROUP**

FACING PAGE | **WOW! BRANDING** | ART DIRECTOR **PERRY CHUA** | DESIGNERS **WILL JOHNSON, JEFF SCHRAMM** | CLIENT **PACIFIC IMPLANT INSTITUTE**

MASTER *the Art and Science of*
IMPLANT DENTISTRY

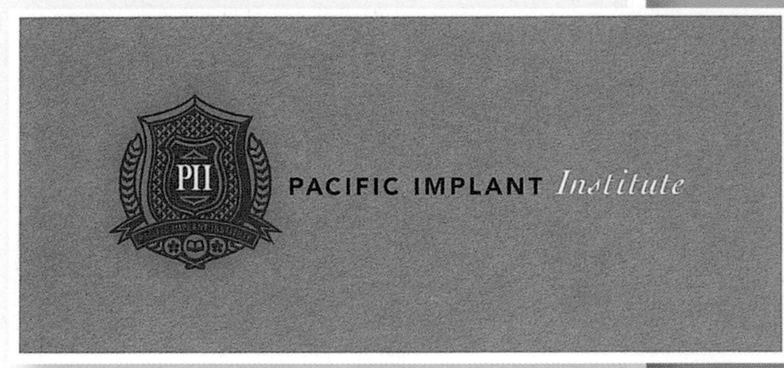

MASTER *the Art and Science of*
IMPLANT DENTISTRY

Dr. Ron Zokol, DIRECTOR

Pacific Implant Institute
470 West Tower, City Square
555 West 12th Avenue
Vancouver, BC Canada V5Z 3X7
Phone 604.322.3209 *International* (800) 668.2280
Fax 604.322.3045 *email* ron@piidentistry.com

470 West Tower, City Square, 555 West 12th Avenue, Vancouver, BC Canada V5Z 3X7
Phone 604.322.3209 *International* (800) 668.2280 *Fax* 604.322.3045 www.piidentistry.com

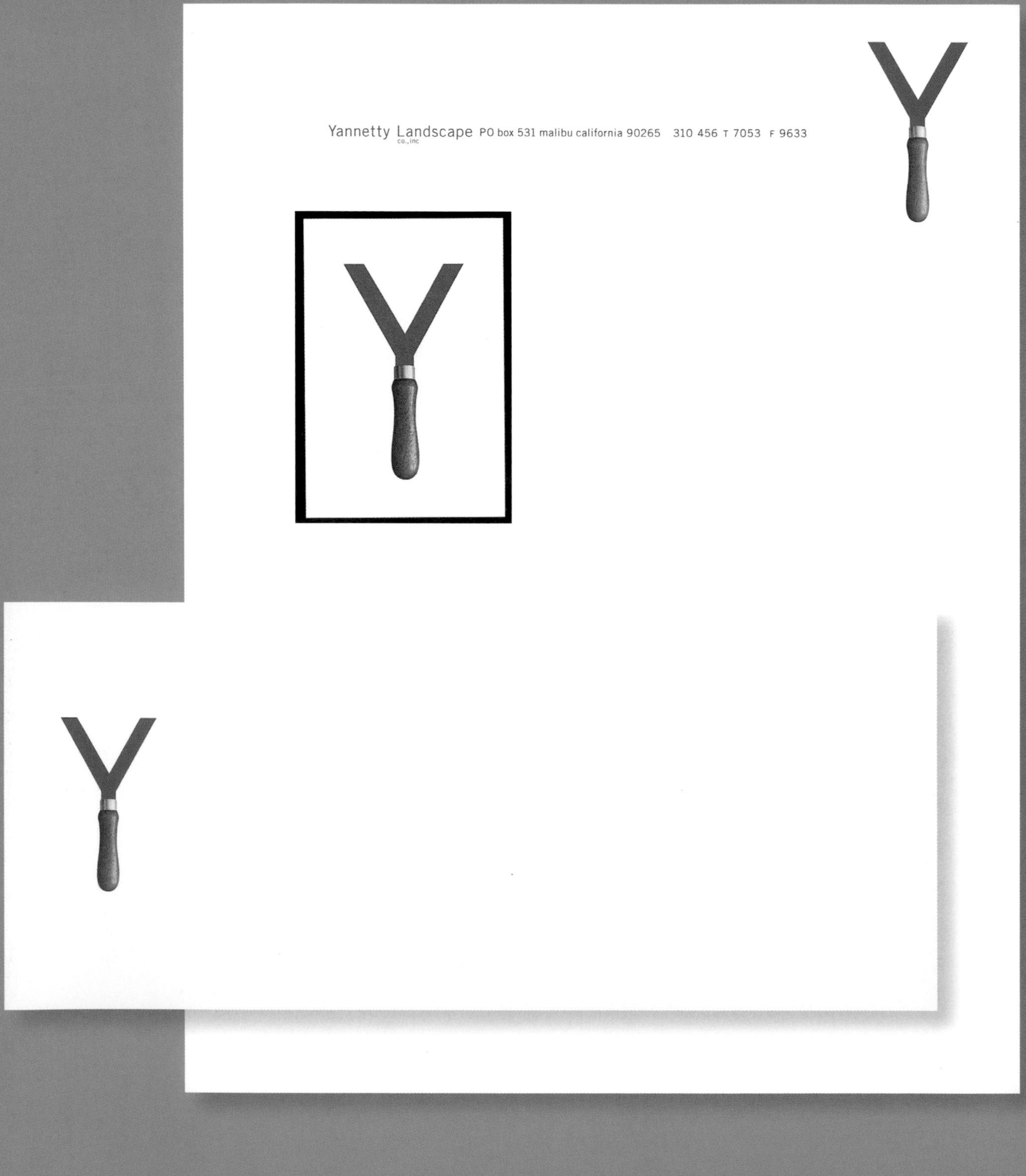

Yannetty Landscape co.,inc PO box 531 malibu california 90265 310 456 T 7053 F 9633

BÜ
SCHER

WER
NER

AR
CHITEK
TEN

Büscher Werner
Architekten

BÜ
SCHER

WER
NER

AR
CHITEK
TEN

Büscher Werner
Architekten

Adelheidstraße 7
80798 München

Telefon
089 27 38 96 75
Fax
089 27 38 96 78

kontakt@
buescher-werner-
architekten.de
www.
buescher-werner-
architekten.de

Adelheidstraße 7
80798 München

Telefon
089 27 38 96 75
Fax
089 27 38 96 78

kontakt@
buescher-werner-
architekten.de
www.
buescher-werner-
architekten.de

BÜ
SCHER

WER
NER

AR
CHITEK
TEN

Büscher Werner
Architekten

FACING PAGE | **MERYL POLLEN DESIGN** | DESIGNER **MERYL POLLEN** | CLIENT **YANNETTY LANDSCAPE**

INPRAXIS, KONZEPT + GESTALTUNG | ART DIRECTORS **ANDREAS KRANZ, CHRISTIANE SCHÄFFNER** | DESIGNER **EVA MAYER**
CLIENT **WERNER BÜSCHER ARCHITECTS**

1

2

1 **CACAO DESIGN** | ART DIRECTOR **CREATIVE TEAM** | CLIENT **FONTEGRAFICA**
2 **SIMON & GOETZ** | DESIGNER **RÜDIGER GOETZ** | CLIENT **FRANK KUHLMANN**

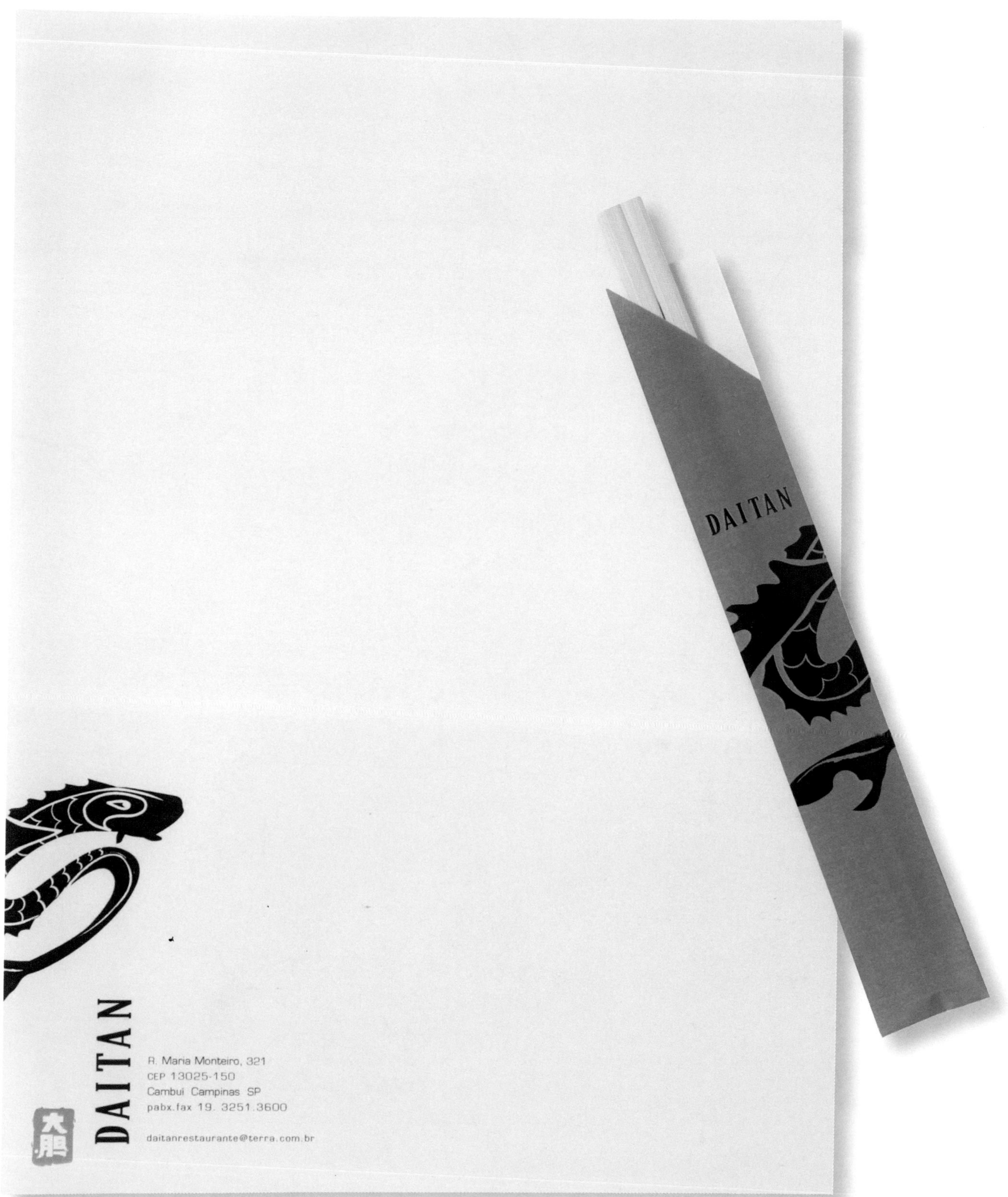

A10 DESIGN | ART DIRECTOR **MARGOT TAKEDA** | DESIGNER **MARCELO RAMOS** | CLIENT **DAITAN**

SIMON & GOETZ DESIGN | DESIGNER BERND VOLLMÖLLER | CLIENT BRITTA JANAS

1

2

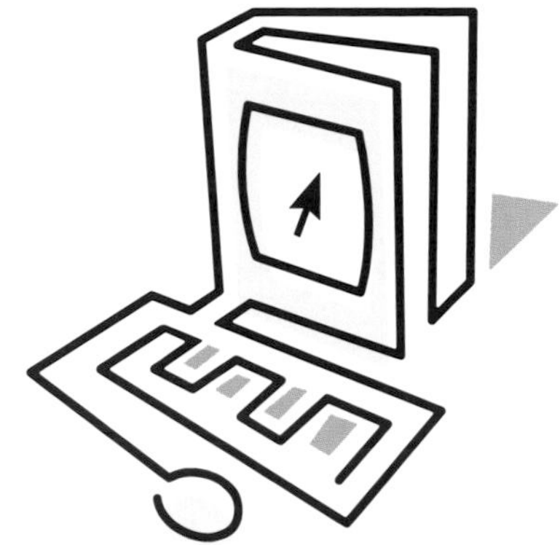

3

4

1 EVENSON DESIGN GROUP | ART DIRECTOR **STAN EVENSON** | DESIGNER **MARK SOJKA** | CLIENT **THE GIVING TREE**
2 GARDNER DESIGN | DESIGNER **BRIAN MILLER** | CLIENT **AIGA/LOGOLOUNGE**
3 PING-PONG DESIGN | CLIENT **MEDELLÍN SECRET**
4 MEATON DOT NET | DESIGNER **MIKE EATON** | CLIENT **BOSTON FISHSTIX**

BASEMAN DESIGN ASSOCIATES | DESIGNER **FRANK BASEMAN** | CLIENT **AJA & ALEX**

MERYL POLLEN DESIGN | DESIGNER **MERYL POLLEN** | CLIENT **ROLLING GREENS**

blackwood

studios

james vlahogiannis

blackwood

studios

> 65 Blackwood Street Yarraville 3013 > PO BOX 135 Yarraville 3013
> T 03 9687 2345 > F 03 9687 4145 > M 0418 33 88 00
> E james@bwstudios.com.au > www.bwstudios.com.au

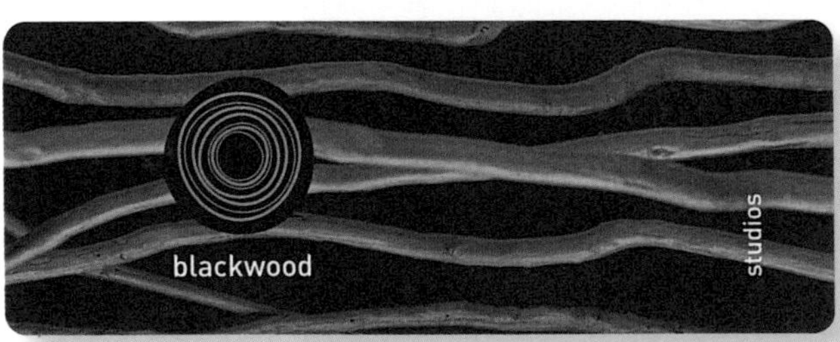

> Blackwood Studios Pty Ltd ABN 13 069 935 262
> 65 Blackwood Street Yarraville 3013 > PO BOX 135 Yarraville 3013
> T 03 9687 2345 > F 03 9687 4145 > M 0418 33 88 00
> E office@bwstudios.com.au > www.bwstudios.com.au

WATTS DESIGN | DESIGNERS **PETER WATTS, DAVID FRY** | CLIENT **JAMES VLAHOGIANNIS**

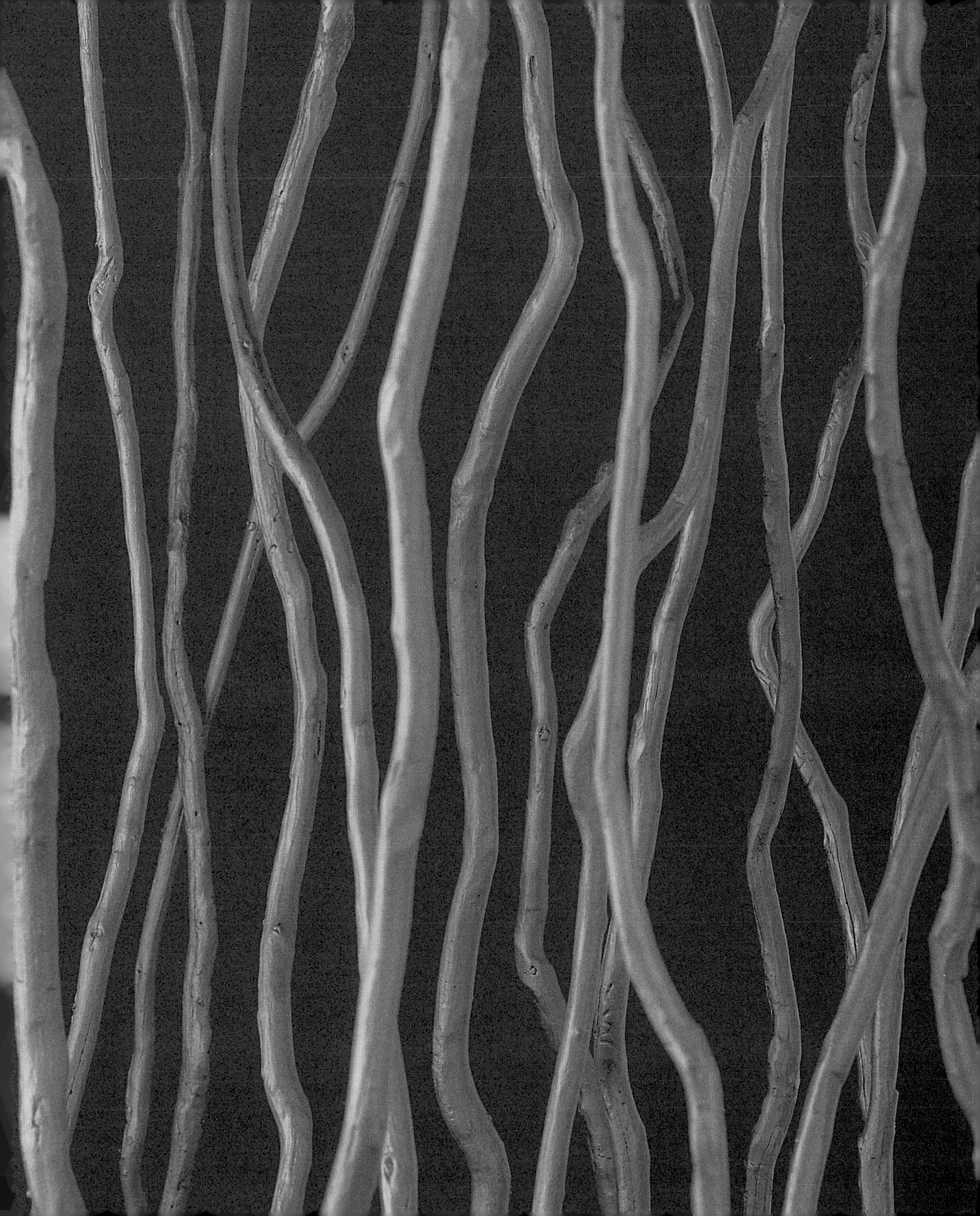

Wit and Whimsy: Intelligence, humor, double entendre, and folly. With winks and nods, these works elicited in us some visceral response that still lingers in our visual and intellectual memory. From esoteric homage to downright goofiness, we include here a selection of work that made us smile.

disgruntled

LEWIS COMMUNICATIONS—NASHVILLE | ART DIRECTOR **ROBERT FROEDGE** | CLIENT **CAREER ENTERTAINMENT T.V.**
FACING PAGE, TOP | **WATTS DESIGN** | DESIGNER **PETER WATTS** | CLIENT **VICKI FREEMAN**
FACING PAGE, BOTTOM | **WATTS DESIGN** | DESIGNER **PETER WATTS** | CLIENT **TOM FREEMAN**

Vicki Freeman
bean counter

+ =

T.G. Freeman & Associates ~ Accounting Services
24 Wallis Avenue, East Ivanhoe, Victoria, 3079
p 03 9499 2834 ***f*** 03 9499 8455 ***e*** tgfree@netlink.com.au

+ =

Vicki Freeman
bean counter

T.G. Freeman & Associates
ABN 29 004 494 580
Accounting Services
24 Wallis Avenue
East Ivanhoe 3079
p 03 9499 2834
f 03 9499 8455
e tgfree@netlink.com.au

Tom Freeman
underwater surveyor

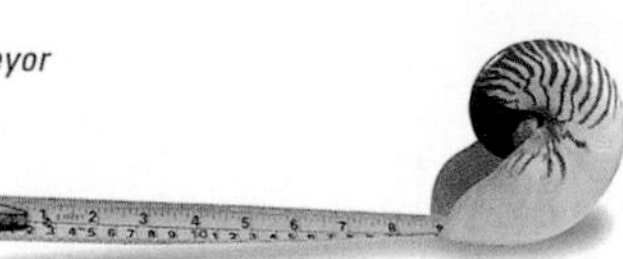

T.G. Freeman & Associates
24 Wallis Avenue, East Ivanhoe, Victoria, 3079
p 0428 379 378 ***f*** 03 9499 8455 ***e*** tgfree@netlink.com.au

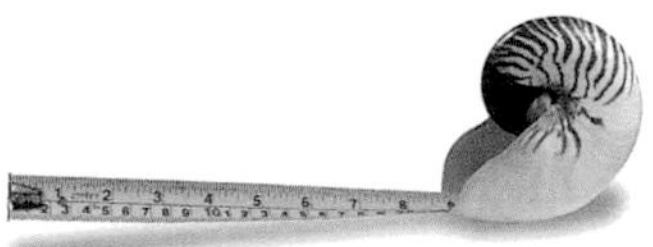

Tom Freeman
underwater surveyor

T.G. Freeman & Associates
24 Wallis Avenue, East Ivanhoe, Victoria, 3079
p 0428 379 378 ***f*** 03 9499 8455 ***e*** tgfree@netlink.com.au

1

2

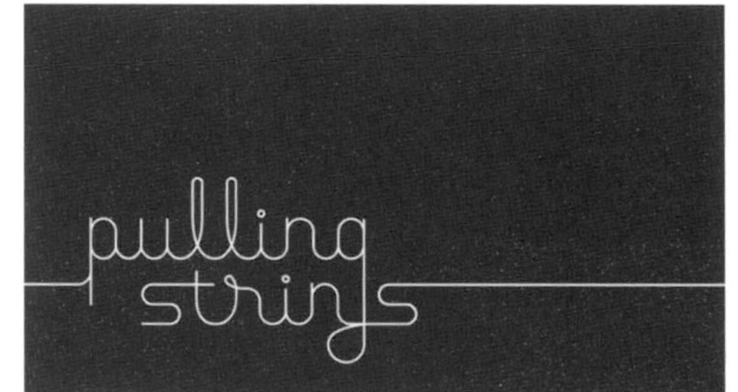

3

1 **PUNCHCUT** | ART DIRECTOR **JARED BENSON** | DESIGNERS **JARED BENSON, KEN OLEWILER** | CLIENT **PRAEDURUS**
2 **KINETIC SINGAPORE** | ART DIRECTORS **PANN LIM, ROY POH, LENG SOH** | DESIGNER **LENG SOH** | CLIENT **PULLING STRINGS**
3 **ALPHABET ARM DESIGN** | ART DIRECTOR **AARON BELYEA** | DESIGNER **RYAN FREASE** | CLIENT **GHETTO ABNORM MUSIC**

STUDIO A | ART DIRECTORS ARMANDO ANDRADE, VERÓNICA MAJLUF
DESIGNERS CLAUDIA JENSSEN, WALTER GUARDIA, ANA CECILIA PAZOS | CLIENT MAGENTA AIR

JUICEBOX

DESIGNS

615-297-1682

JUICEBOX DESIGNS | DESIGNER **JAY SMITH** | CLIENT **JUICEBOX DESIGNS**
FACING PAGE | **CIRCLE K STUDIO** | DESIGNER **JULIE KEENAN** | CLIENT **CIRCLE K STUDIO**

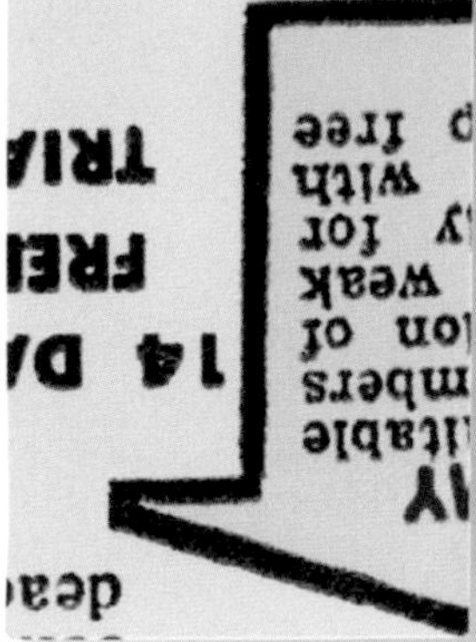

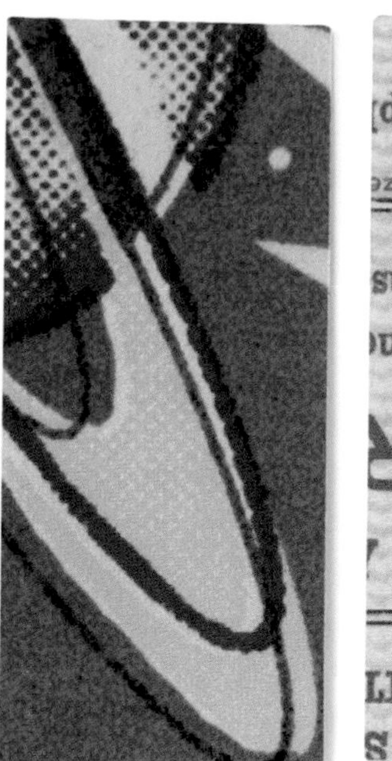

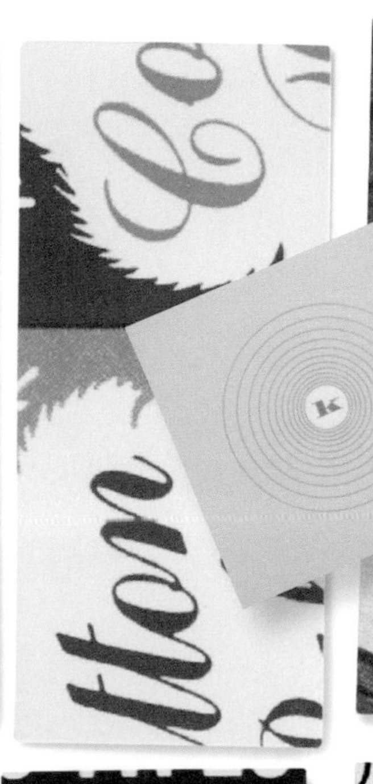

julie keenan creative director
circle k studio
300 brannan street suite no. 308
san francisco california 94107
tel 415 243 0606 fax 415 243 0609
julie@circlekstudio.com

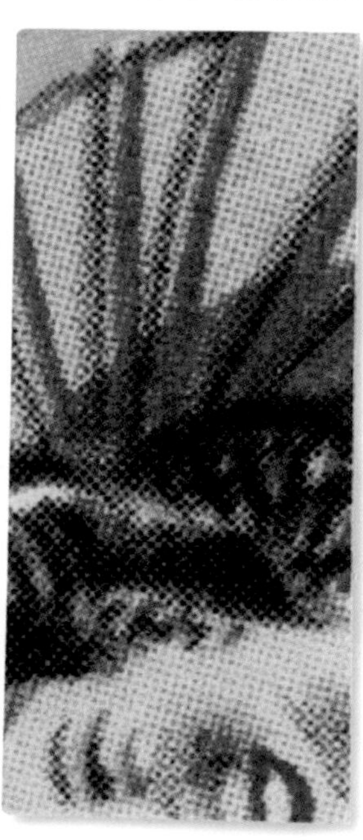

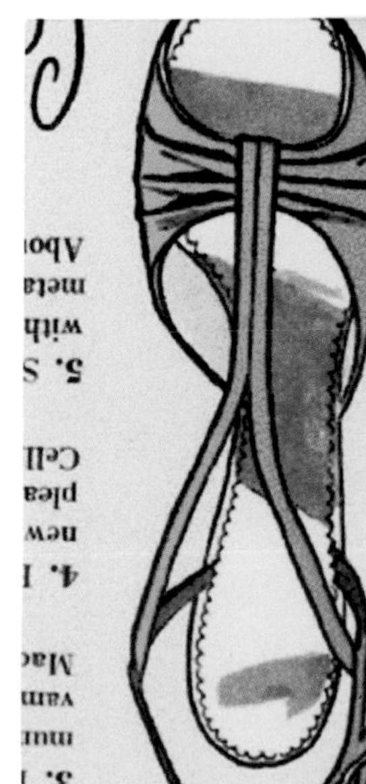

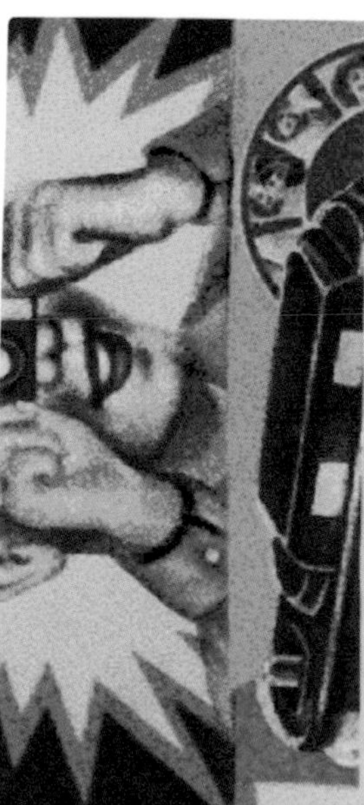

ALPHABET ARM DESIGN | ART DIRECTOR **AARON BELYEA** | DESIGNER **RYAN FREASE** | CLIENT **G2G MANAGEMENT/GARY GERSH**

1

VanChase

2

3

1 UP DESIGN BUREAU | DESIGNER CHRIS PARKS | CLIENT JOSH CHRISTY
2 GLITSCHKA STUDIOS | DESIGNER VON R. GLITSCHKA | CLIENT SAMURAI GUPPY
3 UP DESIGN BUREAU | DESIGNER CHRIS PARKS | CLIENT MITCH WILLIS

1207 4TH STREET 5TH FLOOR PENTHOUSE 2 SANTA MONICA, CA 90401 **T 310.451 4148** F 310.451 8822
www.biglawnfilms.com

BIG LAWN FILMS

PH.D | ART DIRECTOR **CLIVE PIERCY** | DESIGNERS **CLIVE PIERCY, JOHN HUGHES** | CLIENT **BIG LAWN FILMS**

Golfing Society of the **Printing Industries Association of Australia** *(Victorian Region)*
PO Box 4203 Frankston Heights 3199 *p* **03 9764 1445** *f* **03 9764 1446** *e* **bcasey@avongraphics.com.au**

WATTS DESIGN | DESIGNER **PETER WATTS** | CLIENT **PIAGS**

1

2

3

1 SPARC, INC. | DESIGNER **RICHARD CASSIS** | CLIENT **GOLF PRO SHOP SUPPLY**
2 SABET BRANDS | DESIGNER **ALI SABET** | CLIENT **AGILE HEALTH SERVICES**
3 TURNER DUCKWORTH | ART DIRECTORS **DAVID TURNER, BRUCE DUCKWORTH** | DESIGNER **SHAWN ROSENBERGER** | CLIENT **GREENBERG**
FACING PAGE | **TANAGRAM PARTNERS** | DESIGNER **LANCE RUTTER** | CLIENT **TRIPLE TREE CAPITAL**

TRIPLE TREE
CAPITAL

TRIPLE TREE
CAPITAL
333 NORTH MICHIGAN AVENUE, SUITE 2200, CHICAGO, ILLINOIS 60601

333 NORTH MICHIGAN AVENUE, SUITE 2200 • CHICAGO, ILLINOIS 60601 • T: 312.458.1406 • F: 312.458.0072 • WWW.TRIPLETREECAPITAL.COM

1

riocoffee

2

3

1 **VOICE** | ART DIRECTOR **ANTHONY DELEO** | DESIGNERS **ANTHONY DELEO, SCOTT CARSLAKE** | CLIENT **RIO COFFEE**
2 **METHOD ART & DESIGN** | DESIGNER **TRAVIS BROWN** | CLIENT **RICHMOND RACEWAY**
3 **METHOD ART & DESIGN** | DESIGNER **TRAVIS BROWN** | CLIENT **MOKAS**

1

elevator

2

STORAGE

3

1 **ELEVATOR** | DESIGNER **TONY ADAMIC** | CLIENT **ELEVATOR**
2 **STUDIO SONSOLES LLORENS** | DESIGNER **STUDIO SONSOLES LLORENS** | CLIENT **STORAGE**
3 **GEYRHALTER DESIGN** | DESIGNER **FABIAN GEYRHALTER** | CLIENT **BABY YAGA**

1

HAIR

2

1 CIRCO DE BAKUZA | DESIGNER THOMAS CSANO | CLIENT JEAN VELUT

2 METHOD ART & DESIGN | DESIGNER TRAVIS BROWN | CLIENT CHRISTY PETERS

1 space

2 stealth

3 fuse

4 pottymouth

1 RED HERRING DESIGN | DESIGNER ANDREA SEPIC | CLIENT GRAY CAT RECORDS
2 RICOCHET CREATIVE THINKING | DESIGNER STEVE ZELLE | CLIENT STEALTH SECURITY
3 LISKA + ASSOCIATES | ART DIRECTOR STEVE LISKA | DESIGNER BRIAN GRAZIANO | CLIENT FUSE RESTAURANT
4 86 THE ONIONS | DESIGNER MARK SLOAN | CLIENT POTTYMOUTH

1

2

3

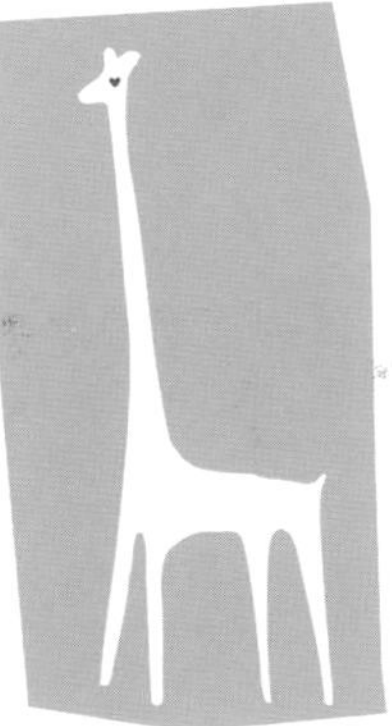

1 CINCO DE MAYO DESIGN | ART DIRECTOR MAURICIO ALANIS | DESIGNER MAURICIO ALANIS, NOE FIGUEROA | CLIENT CRITIQUE
2 SIMON & GOETZ DESIGN | ART DIRECTORS PIA KEMPTER, RÜDIGER GOETZ | DESIGNERS GERRIT HINKELBEIN, PIA KEMPTER, RÜDIGER GOETZ | CLIENT ZDF
3 RED DOG DESIGN CONSULTANTS | DESIGNER MARY DOHERTY | CLIENT GIRAFFE CHILDCARE & EARLY LEARNING CENTRES

1

2

3

4

1 GLITSCHKA STUDIOS | DESIGNER **VON R. GLITSCHKA** | CLIENT **BLOGINTOSH.COM**
2 PAVONE | DESIGNER **ROBINSON SMITH** | CLIENT **DAYBREAK CHURCH**
3 DESIGNSKI LLC | ART DIRECTOR **DENNY KREGER** | DESIGNERS **CHRIS SNIEGOWSKI, DENNY KREGER** | CLIENT **CRUISEDIRECTOR.COM**
4 FORM | ART DIRECTORS **PAUL WEST, PAULA BENSON** | DESIGNERS **PAUL WEST, NICK HARD** | CLIENT **BRITISH SNOW & SKI FEDERATION**

SAGMEISTER INC. | ART DIRECTOR **STEFAN SAGMEISTER** | DESIGNER **MATTHIAS ERNSTBERGER** | CLIENT **VOLKSSCHULE**

1

2

3

4

1 BONDEPUS DESIGN | ART DIRECTOR **AMY BOND** | DESIGNER **GARY EPIS** | CLIENT **BARBAGELATA CONSTRUCTION**
2 IRIDIUM | ART DIRECTORS **JEAN-LUC DENAT, MARIO L'ÉCUYER** | DESIGNERS **MARIO L'ÉCUYER, ETIENNE BESSETTE** | CLIENT **TETHERCAM SYSTEMS**
3 TREIBSTOFF WERBUNG | DESIGNERS **THOMAS BIELICKI, BORIS KOCH** | CLIENT **TREIBSTOFF WERBUNG**
4 SUSSNER DESIGN COMPANY | ART DIRECTOR **DEREK SUSSNER** | DESIGNER **RYAN CARLSON** | CLIENT **AIGA, MINNESOTA**

1

2

SOUTH AFRICAN PREMIUM WINES

3

1 **ALTERPOP** | ART DIRECTOR **DOROTHY REMINGTON** | DESIGNER **CHRISTOPHER SIMMONS** | CLIENT **PASTABILITIES**
2 **ENTERPRISE IG** | DESIGNER **BEVERLY FIELD** | CLIENT **SOUTH AFRICAN PREMIUM WINES**
3 **DAMION HICKMAN DESIGN** | ART DIRECTOR **DAMION HICKMAN** | DESIGNER **LEIGHTON HUBBELL** | CLIENT **SOAP BOX BATH & BODY**

1

STITCH BUNNY™

2

3

4

1 **SABET BRANDS** | DESIGNER **ALI SABET** | CLIENT **STITCH BUNNY**
2 **VERLANDER DESIGN** | DESIGNER **MARK VERLANDER** | CLIENT **BASSET CLOTHING COMPANY**
3 **BE.DESIGN** | ART DIRECTORS **WILL BURKE, ERIC READ** | DESIGNERS **ERIC READ, YUSUKE ASAKA, CORALIE RUSSO** | CLIENT **DIGISCENTS**
4 **LLOYDS GRAPHIC DESIGN LTD** | DESIGNER **ALEXANDER LLOYD** | CLIENT **LAMBORGANIC**

1 

2 

3 

1 GRETEMAN GROUP | DESIGNER JAMES STRANGE | CLIENT KANSAS HUMANE SOCIETY
2 GARDNER DESIGN | ART DIRECTOR BILL GARDNER | DESIGNER LUKE BOTT | CLIENT STACK SHACK
3 UP DESIGN BUREAU | DESIGNER CHRIS PARKS | CLIENT ALAN MAIRS

BRIGHT NIGHT USA 6300 Merril Creek Parkway, Suite A-400, Everett, WA, USA 98203
P_425 398 4199 F_425 398 4177 info@brightnightusa.com

www.cyclite.com www.stridelite.com

Our products are designed by people who are out there enjoying an active life, just like you. And we know that safety and reliability are important when the light is low and you are miles from nowhere. Every CycLite™ and StrideLite® product features 24-micron-thin Electroluminescent Lamps that are completely flexible, virtually weightless and highly durable. This high intensity light and 3M™ reflective material offer unparalleled, 360° visibility from up to 1/2 mile. Though powerful, the blue strobe-lite incorporates an innovative low-power platform that allows 2 "AAA" batteries to last 200+ hours. But safety doesn't have to be boring; all CycLite™ and StrideLite® products are functional fashion. After all, it's not just about being seen in the dark, it's about "being seen" out there.

YOU CAN RUN BUT YOU CAN'T HIDE

SAFETY NOTICE

STROBE-LITE SAFETY GEAR FOR RUNNERS + CYCLISTS

1

2

3

FACING PAGE | **SUBPLOT DESIGN INC.** | DESIGNERS **MATTHEW CLARK, ROY WHITE** | CLIENT **BRIGHT NIGHT USA**

1 **Y & R** | ART DIRECTOR **SCOTT LARSON** | DESIGNER **CHRIS ROONEY** | CLIENT **SAN FRANCISCO FILM SOCIETY**

2 **DOSSIERCREATIVE INC.** | ART DIRECTOR **DON CHISHOLM** | DESIGNER **PATRICK SMITH** | CLIENT **WHITE SPOT RESTAURANT**

3 **A-BOMBE** | DESIGNER **SJKG** | CLIENT **FREAKLAB**

PING-PONG DESIGN | DESIGNER PING-PONG DESIGN | CLIENT BBK DOOR VRIENDSCHAP STERKER / BERT RORIJE

1

2

3

CALDWELL
ZOO

1 EVENSON DESIGN GROUP | ART DIRECTOR **STAN EVENSON** | DESIGNER **MARK SOJKA** | CLIENT **ANGEL CITY FITNESS**
2 HARRAINCO SKIPP HERRAINCO | ART DIRECTOR **RAY HRYNKOW** | DESIGNER **DYLAN STANIUL** | CLIENT **GRADY WINE MARKETING**
3 SULLIVANPERKINS | ART DIRECTOR **ROB WILSON** | DESIGNER **JARROD HOLT** | CLIENT **CALDWELL ZOO**

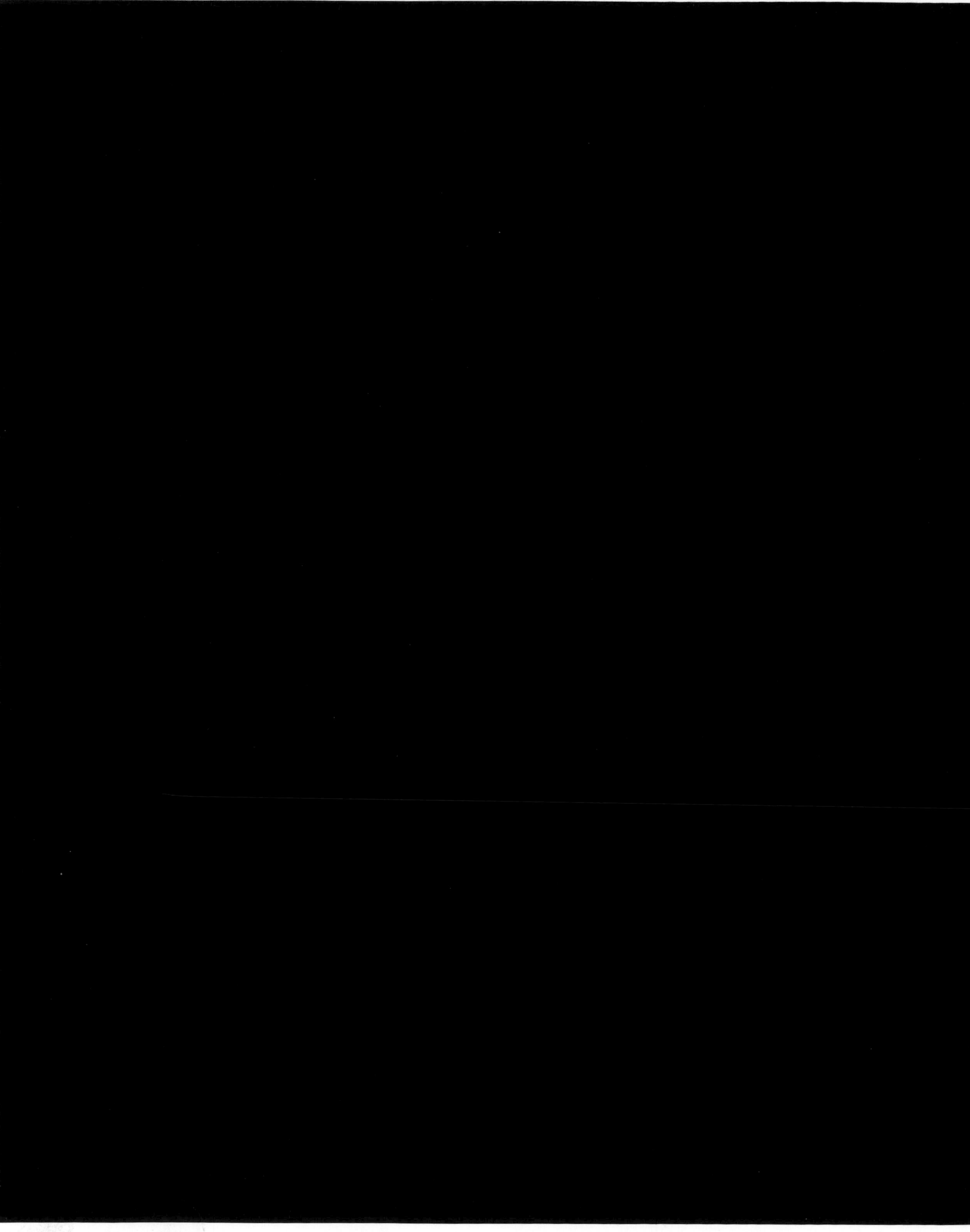

Simplicity: The confidence to be the very least. Whether in concept or form, the following were selected for the succinctness of their expression. Never more than they need to be, these works embody the pithy spirit of minimalism—even the seemingly complex are underpinned by the virtue of their simplicity.

PENTAGRAM DESIGN/SF | ART DIRECTOR **BRIAN JACOBS** | DESIGNER **ROB DUNCAN** | CLIENT **CAFÉ MIA**

BOY + GIRL DESIGN | DESIGNER **TODD VERLANDER** | CLIENT **JON RADEL PHOTOGRAPHY**

wemakedesign

nicola dillon
creative design consultant
2 janeville, off st. kevins parade, dublin 8
telephone +353 1 473 8498
mobile +353 87 643 2829
email nik@wemakedesign.com
website www.wemakedesign.com

PREVIOUS SPREAD, LEFT | **WEMAKE DESIGN** | ART DIRECTOR **NIK DILLON** | DESIGNERS **NIK DILLON, ADAM GALLACHER** | CLIENT **WEMAKE DESIGN**
PREVIOUS SPREAD, RIGHT | **DESIGN INFINITUM** | DESIGNER **JAMES A. SMITH** | CLIENT **DESIGN INFINITUM**
PH. D. | ART DIRECTORS **CLIVE PIERCY, MICHAEL HODGSON** | DESIGNERS **CLIVE PIERCY, CAROL KONO, MICHAEL HODGSON** | CLIENT **DNA**

MortgageSelectionServices

Mortgage Selection Services Pty Ltd
ABN 96 080 116 454
Level 1, 150 Albert Road
South Melbourne 3205 Victoria
Telephone 03 9686 3322
Facsimile 03 9686 3518
www.mortgagess.com.au

Member MIAA
Melbourne
Sydney

Marina Lindner

MortgageSelectionServices
Member MIAA

OCTAVO DESIGN | ART DIRECTOR **GARY DOMONEY** | CLIENT **MORTGAGE SELECTION SERVICES**

Matsuzaki, Yumi [yümi məsuzaki]
n. A young designer who wants to make the world a better place through her designs.

229West 109thSt Apt#52 New York, NY 10025
Tel 212 961 0363 Email aur3tx@hotmail.com

YUMI MATSUZAKI | DESIGNER **YUMI MATSUZAKI** | CLIENT **YUMI MATSUZAKI**

eliminating racism empowering women

ywca

LANDOR ASSOCIATES | ART DIRECTOR MARGARET YOUNGBLOOD | DESIGNERS KISITINA WONG, JOHN LEDWITH | CLIENT YWCA

design

intelligent

PLAZM | DESIGNERS JOSHUA BERGER, PETE MCCRACKEN | CLIENT INTELLIGENT DESIGN

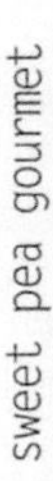

1005 Lindridge Dr. NE Atlanta, GA 30324 P (404) 232.5663 F (404) 816.1411 W sweetpeagourmet.com

SKY DESIGN | ART DIRECTOR **W. TODD VAUGHT** | DESIGNER **W. TODD VAUGHT** | CLIENT **SWEET PEA GOURMET**

PRESENT PAGE | **BLACKCOFFEE®** | ART DIRECTOR **MARK GALLAGHER** | DESIGNER **LAURA SAVARD** | CLIENT **DAVE BRADLEY PHOTOGRAPHY**

1 **VERLANDER DESIGN** | DESIGNER **MARK VERLANDER** | CLIENT **SUPPOSE**

2 **ELLEN GOULD** | CLIENT **DIESEL, A BOOKSTORE**

3 **BRAIN MAGNET** | CLIENT **BRAIN MAGNET**

1

2

3

Brain Magnet

claus semerak Kunsthistoriker Freier Journalist
corneliusstraße 23 80469 münchen t 089 - 202 45 151 f 089 - 202 45 152 m 0163 - 202 45 15
www.claussemerak.de info@claussemerak.de

claus semerak Kunsthistoriker Freier Journalist
corneliusstraße 23 80469 münchen
t 089 - 202 45 151 f 089 - 202 45 152 m 0163 - 202 45 15
www.claussemerak.de info@claussemerak.de

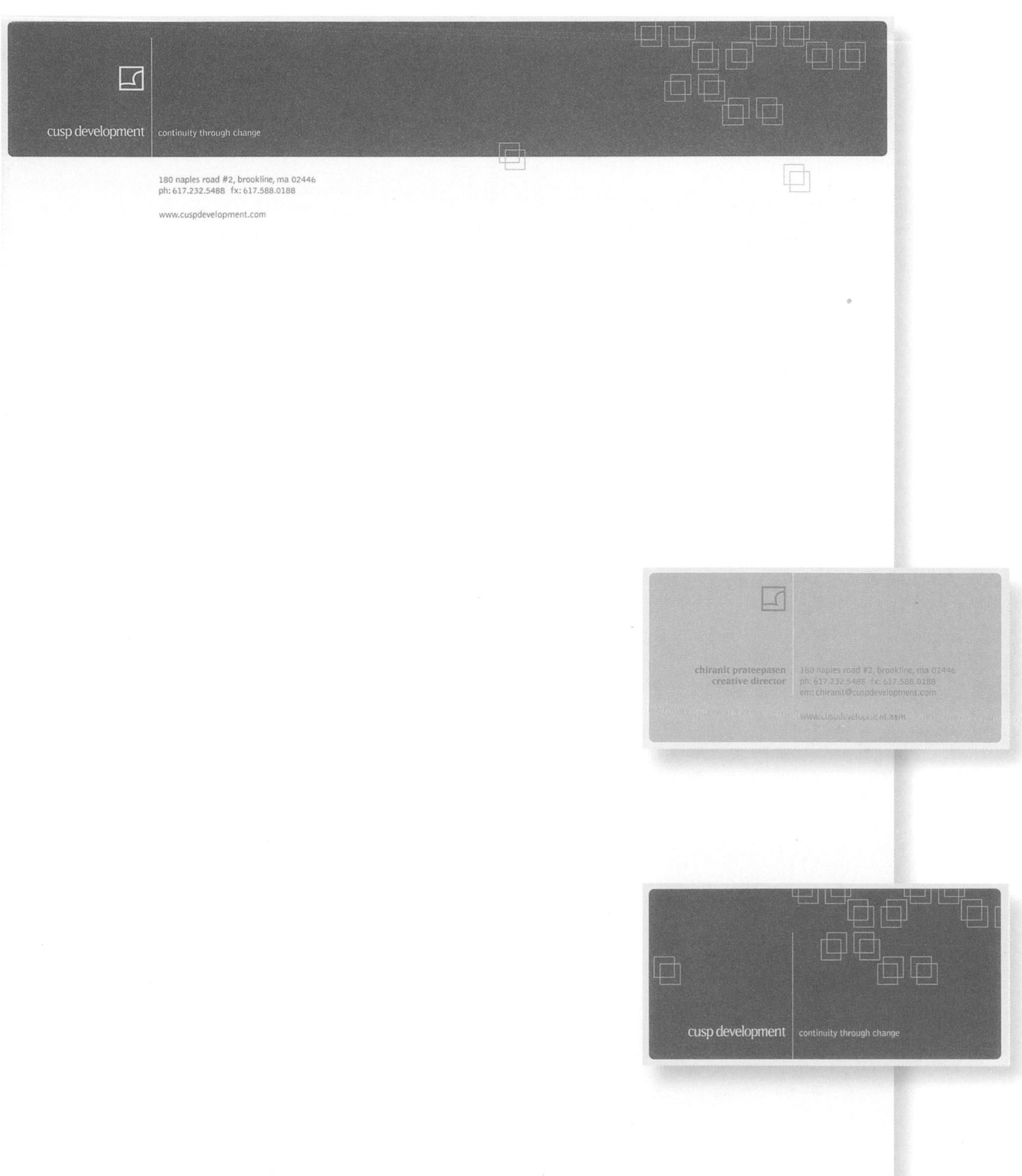

FACING PAGE | **MILCH DESIGN** | ART DIRECTOR **FRIEDEL PATZAK** | DESIGNER **INA WINDHORST** | CLIENT **CLAUS SEMERAK**
CUSP DESIGN | DESIGNER **CHIRANIT PRATEEPASEN** | CLIENT **CUSP DEVELOPMENT**

1

cosmeceuticals

2

BRANDOCTOR

3

andisa

1 DOSSIERCREATIVE INC. | ART DIRECTOR **DON CHISHOLM** | DESIGNER **EENA KIM** | CLIENT **AG HAIR COSMETICS, INC.**
2 BRUKETA & ZINIC | DESIGNER **SINISA SUDAR** | CLIENT **BRANDOCTOR**
3 ENTERPRISE IG | DESIGNER **BEVERLEY FIELD** | CLIENT **ANDISA CAPITAL**

DOSSIERCREATIVE INC. | ART DIRECTOR **DON CHISHOLM** | DESIGNER **EENA KIM** | CLIENT **AG HAIR COSMETICS, INC.**

1

2

3

1 ENTERPRISE IG | ART DIRECTOR IAAN BEKKER | DESIGNER COLLETTE WASIELEWSKI | CLIENT GUARANTY TRUST BANK
2 BUROCRATIK | DESIGNERS FILIPE CAVACO JORGE, ADRIANO ESTEVES | CLIENT KASALTA - INDÚSTRIA DE MOBILIÁRIO, LDA.
3 TALISMAN INTERACTIVE | DESIGNER MICHAEL MCDONALD | CLIENT OWEN PATRICK GALLERY

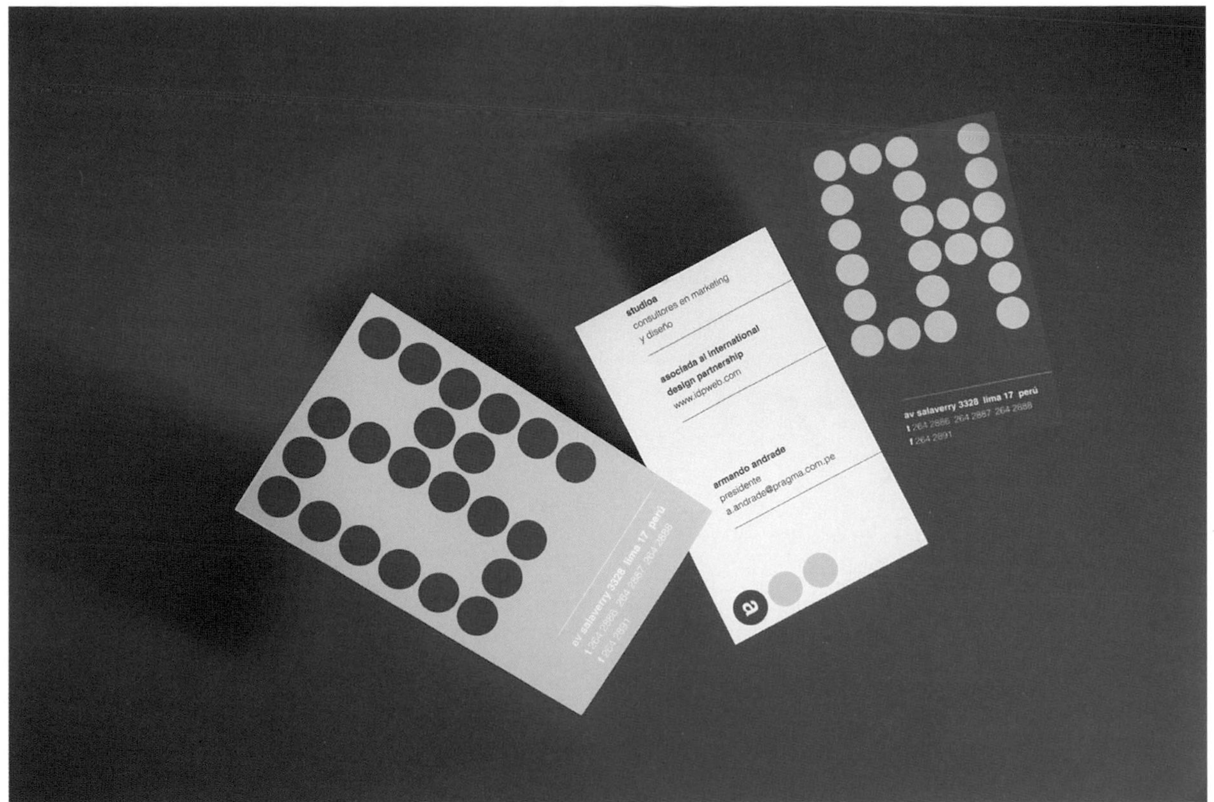

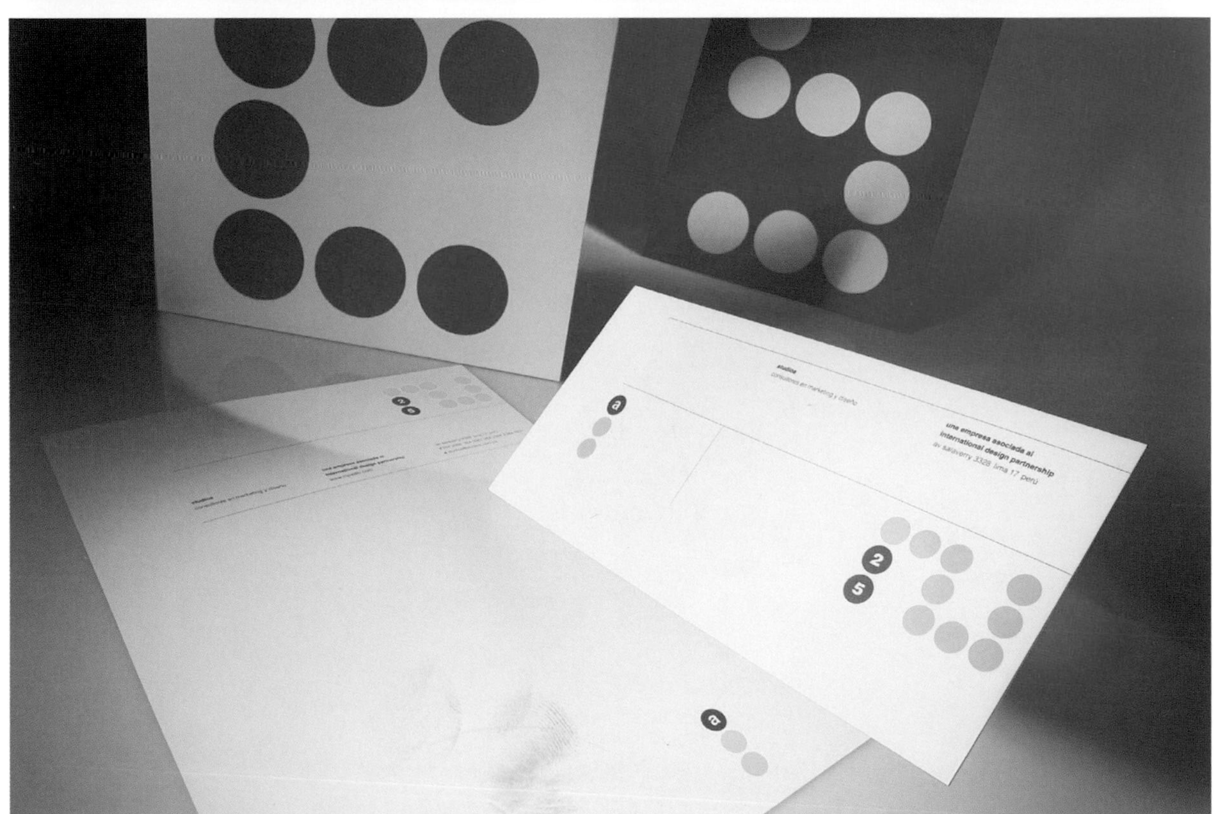

STUDIO A | ART DIRECTOR **VERÓNICA MAJLUF** | DESIGNERS **DORA REVOREDO, CLAUDIA JENSSEN, VERÓNICA DE LAS CASAS** | CLIENT **STUDIO A**

nina david
kommunikationsdesign

Eisenstraße 31 . 40227 Düsseldorf
Fon 0211.7 333 290 Fax 0211.7 952 441
mail@ninadavid.de

1

2

3

FACING PAGE | NINA DAVID KOMMUNIKATIONSDESIGN | DESIGNER NINA DAVID | CLIENT NINA DAVID KOMMUNIKATIONSDESIGN

1 MONDERER DESIGN | ART DIRECTOR STEWART MONDERER | DESIGNERS STEWART MONDERER, TR COFFEY | CLIENT WIND DEVELOPMENT, LTD.

2 BAM AGENCY | ART DIRECTOR RICK YORK | DESIGNER VON R. GLITSCHKA | CLIENT VIP INDUSTRIES

3 JAGER GROUP | ART DIRECTORS ROB JACKSON, ANDY FILIUS | DESIGNER GREY PALAZOLLO | CLIENT FAST KAT FERRY SERVICES

HUTCHINSON DESIGN, INC. | DESIGNER **JERRY HUTCHINSON** | CLIENT **JENSEN GROUP**

TEMALIDESIGN | DESIGNER **TERRI ROSEN** | CLIENT **JOHN J. GUARRACINO, DDS**

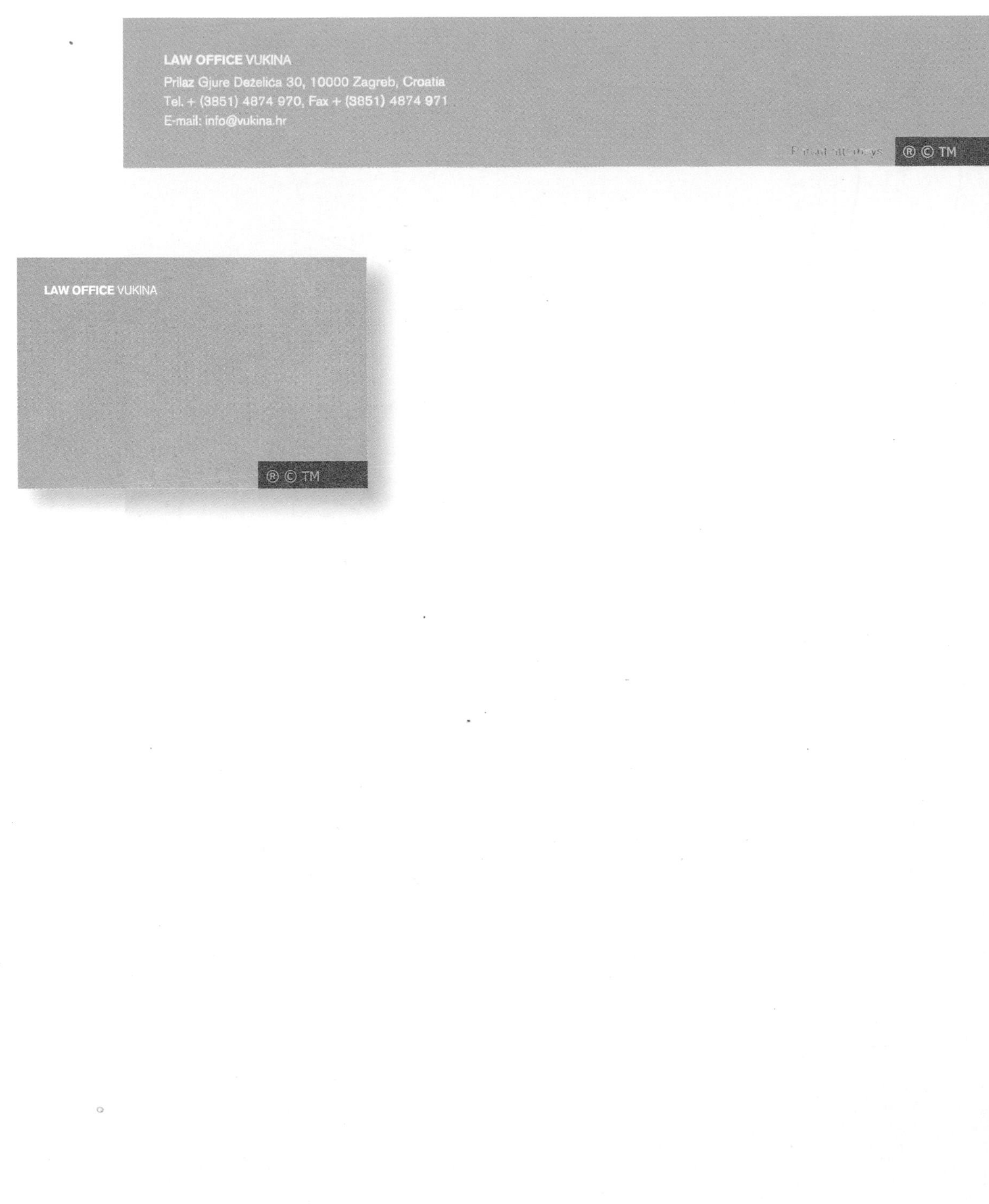

BRUKETA & ZINIC | DESIGNER **IGOR MANASTERIOTTI** | CLIENT **LAW OFFICE VUKINA**
FACING PAGE | **IRIDIUM** | DESIGNER **MARIO L'ÉCUYER** | CLIENT **CALLAGHAN POTTER LETELLIER**

CPL
CPL
Callaghan Potter Letellier
Facility Planners
Jim Potter B.E.S. (Architecture)
211–2141 Thurston Drive
Ottawa Ontario K1G 6C9
T 613·739·3699
F 613·739·3965
E jim@cpldesign.on.ca
CPL
Callaghan Potter Letellier
Design Consultants Inc.
211–2141 Thurston Drive Ottawa Ontario K1G 6C9
T 613·739·3699 F 613·739·3965 E info@cpldesign.on.ca

elgato

elgato systems GmbH   Nymphenburger Str. 86   D-80636 München   Germany

elgato

Freddie Geier
CEO

freddie@elgato.com

elgato systems GmbH
Nymphenburger Str. 86
D-80636 München

T +49-(0)89-143339-0
F +49-(0)89-143339-99
www.elgato.com

HypoVereinsbank AG München
BLZ 700 202 70, Kto 48 2454 20
StNr. 810/254 26

Amtsgericht München
HRB 108591
UStID DE169235722

Geschäftsführer
Dr. Markus Fest
Freddie Geier

USA
LOCATION PO Box 2441
La Jolla, CA 92038-2441
USA
PHONE 858 724 0818
FACSIMILE 858 724 0819
WEB www.metcorpusa.com

AUSTRALIA
17 Killara St.
Currumbin Waters
Queensland, Australia 4223
+61 7 5534 8269
+61 7 5534 8652

MET | CORPORATION

WORLD PRODUCT TRADERS

AUSTRALIA
LOCATION 17 Killara St.
Currumbin Waters
Queensland, Australia 4223
PHONE +61 7 5534 8269
MOBILE +61 0402467070
FACSIMILE +61 7 5534 8652
WEB www.metcorpusa.com

FACING PAGE | **MILCH DESIGN** | DESIGNER **FRIEDEL PATZAK** | CLIENT **ELGATO**
TYPE G | DESIGNER **MIKE NELSON** | CLIENT **MET CORPORATION**

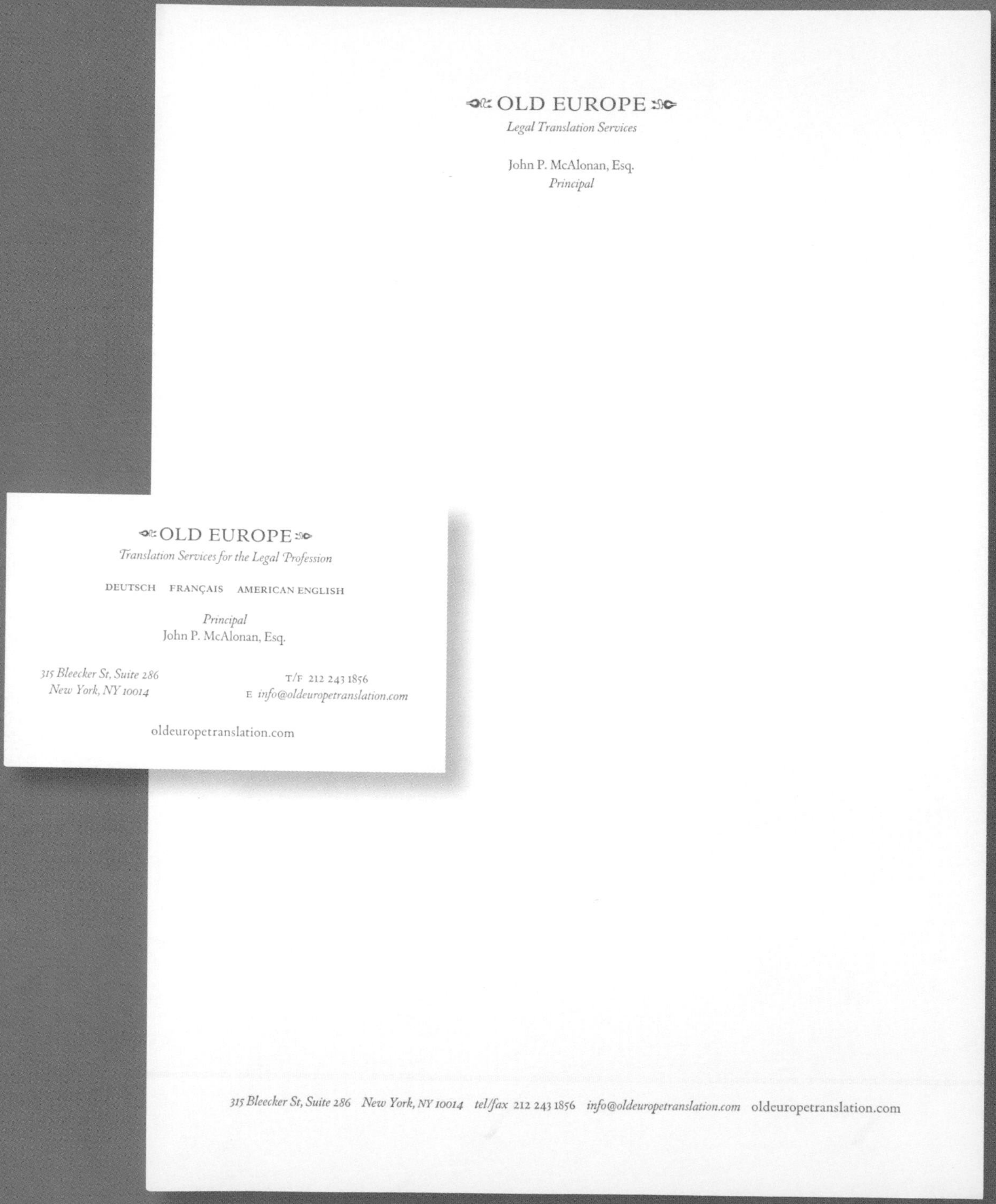

OLD EUROPE
Legal Translation Services

John P. McAlonan, Esq.
Principal

315 Bleecker St, Suite 286 New York, NY 10014 tel/fax 212 243 1856 *info@oldeuropetranslation.com* oldeuropetranslation.com

OLD EUROPE
Translation Services for the Legal Profession

DEUTSCH FRANÇAIS AMERICAN ENGLISH

Principal
John P. McAlonan, Esq.

315 Bleecker St, Suite 286
New York, NY 10014

T/F 212 243 1856
E *info@oldeuropetranslation.com*

oldeuropetranslation.com

1

2

FACING PAGE | VINEGAR HILL PRINTERS, LLC | DESIGNER AMELIA GROHMAN | CLIENT OLD EUROPE LEGAL TRANSLATION SERVICES
1 GINGERBEE CREATIVE | DESIGNER GINGER KNAFF | CLIENT MOOSE MAGOO'S
2 DOTZERO DESIGN | DESIGNERS JON WIPPICH, KAREN WIPPICH | CLIENT PERSIMMON CONSTRUCTION LLC

fabulous

Fabulous Films Inc.

3301 Fernwood Avenue, Silverlake,
Los Angeles, CA 90039, USA.
Telephone: +1 323 663 0929.
Fax: +1 323 663 0926.

Fabulous Films Ltd.

26 Loftus Road, London, W12 7EN, UK.
Telephone: +44 (0)208 743 4377.
Fax: +44 (0)208 743 4342.

Web: www.fabulousfilms.co.uk

Email: info@fabulousfilms.co.uk

1

evo

2

3

FACING PAGE | **FORM** | ART DIRECTOR **PAUL WEST** | DESIGNERS **PAUL WEST, NICK HARD** | CLIENT **FABULOUS FILMS**

1 **HERRAINCO SKIPP HERRAINCO** | ART DIRECTOR **CASEY HRYNKOW** | DESIGNER **KIRSTEN GRAVKIN** | CLIENT **EVO PERSONAL & BUSINESS DEVELOPMENT COACHING**

2 **SIMON & GOETZ DESIGN** | ART DIRECTORS **RÜDIGER GOETZ, ANNE MÜLDER** | DESIGNERS **ANNE MÜLDER, ANTON STEPANCHUK** | CLIENT **HS GENION**

3 **TALISMAN INTERACTIVE** | DESIGNER **MICHAEL MCDONALD** | CLIENT **PINWHEEL**

1

2

3

BERGAMOT CAFE

1 METHOD ART + DESIGN | DESIGNER TRAVIS BROWN | CLIENT TRUMPET CARDS
2 RICK JOHNSON & COMPANY | CREATIVE DIRECTOR SAM MACLAY | DESIGNER TIM MCGRATH | CLIENT MATTEUCCI CONSTRUCTION
3 PH.D | ART DIRECTORS MICHAEL HODGSON, CLIVE PIERCY | DESIGNER MICHAEL HODGSON | CLIENT BERGAMOT CAFÉ

SALVA O'RENICK | DESIGNER **MICHAEL PAOLETTI** | CLIENT **SUGAR CREEK FAIR & FESTIVAL BOARD**
NEXT SPREAD, LEFT | **CHEN DESIGN ASSOCIATES** | ART DIRECTOR **JOSHUA C. CHEN** | DESIGNER **MAX SPECTOR** | CLIENT **QUALITY OF LIFE**
NEXT SPREAD, RIGHT | **LLOYDS GRAPHIC DESIGN LTD.** | DESIGNER **ALEXANDER LLOYD** | CLIENT **WINE BOTTLERS MARLBOROUGH**

WHERE DO YOU DRAW THE LINE?

www.qualityoflife-themovie.com

winebottlers
marlborough ltd

wine, sealed, delivered

Wine Bottlers Marlborough Ltd

Cloudy Bay Business Park
SH1, PO Box 1176, Blenheim
New Zealand

Tel: +64 3 577 5350
Fax: +64 3 577 5350
Email: info@winebottlers.co.nz

1

2

1 **LOWERCASE, INC.** | DESIGNER **TIM BRUCE** | CLIENT **INTEGRATED GENOMICS**
2 **AUFULDISH & WARINNER** | DESIGNER **KATHY WARINNER** | CLIENT **COLORADO CONTEMPORARY ARTS COLLABORATION**

DAVIES ASSOCIATES | ART DIRECTOR CATHY DAVIES | DESIGNER PAUL HERSHFIELD | CLIENT COX PAINT

Subtlety: The smallest discernible difference. Through color, form, scale, or concept, these works exhibit the artful restraint of their creators. In each instance, we found finesse and nuance made the difference. Look closely—design is in the details.

The Riordon Design Group Inc.
www.riordondesign.com

131 George Street
Oakville, ON L6J 3B9

TEL 905.339.0750
FAX 905.339.0753

(inform) inspire (

riordondesign

RIORDON DESIGN | ART DIRECTOR **RIC RIORDON** | DESIGNERS **DAN WHEATON, ALAN KRPAN** | CLIENT **RIORDON DESIGN**

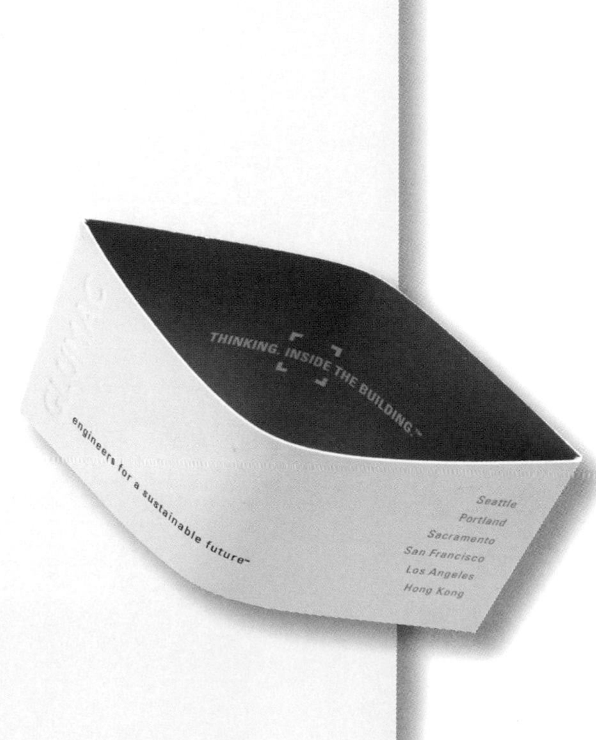

WOW! BRANDING | ART DIRECTOR **PERRY CHUA** | DESIGNERS **WILL JOHNSON, TARA RICE, JEFF SCHRAMM** | CLIENT **GLUMAC**

ISOTOPE 221

232 Washington Avenue
Fourth Floor
Brooklyn, NY 11205

718.783.3092 *tel*
270.477.6850 *fax*
info@isotope221.com

Annual reports, collateral, corporate identity, editorial design, interactive presentations, packaging, product development, website design: ISOTOPE 221 solves communications problems.

cherrydelosreyes

12611 Venice Boulevard
Los Angeles California
90066-3703

310 398 7404 fax 7406

cherrydelosreyes.com

PREVIOUS SPREAD, LEFT | **ISOTOPE 221** | DESIGNER **CHRISTOPHER CANNON** | CLIENT **ISOTOPE 221**
PREVIOUS SPREAD, RIGHT | **MERYL POLLEN DESIGN** | DESIGNER **MERYL POLLEN** | CLIENT **CHERRYDELOSREYES**
XMI DESIGN | ART DIRECTOR **DENIS KELLY** | DESIGNERS **NOELLE COOPER, DENIS KELLY** | CLIENT **XMI DESIGN**

2111 West Churchill, Suite 106
premonitionandmusic.com
Premonition Records
v.773.486.2333 f.773.486.2338
Chicago, Illinois 60647

HUTCHINSON ASSOCIATES, IND. | ART DIRECTOR **JERRY HUTCHINSON** | DESIGNERS **AL BRANDTNER, JERRY HUTCHINSON** | CLIENT **PREMONITION RECORDS**

MORTENSEN DESIGN INC. | ART DIRECTOR **GORDON MORTENSEN** | DESIGNER **HELENA SEO** | CLIENT **MORTENSEN DESIGN INC.**
FACING PAGE | **TILKA DESIGN** | ART DIRECTOR **JANE TILKA** | DESIGNER **TILKA DESIGN** | CLIENT **WHITEBOX**

WHITEBOX

3033 Excelsior Boulevard | Suite 300 | Minneapolis, MN 55416
612-253-6001 | *fax* 612-253-6151 | www.whiteboxadvisors.com

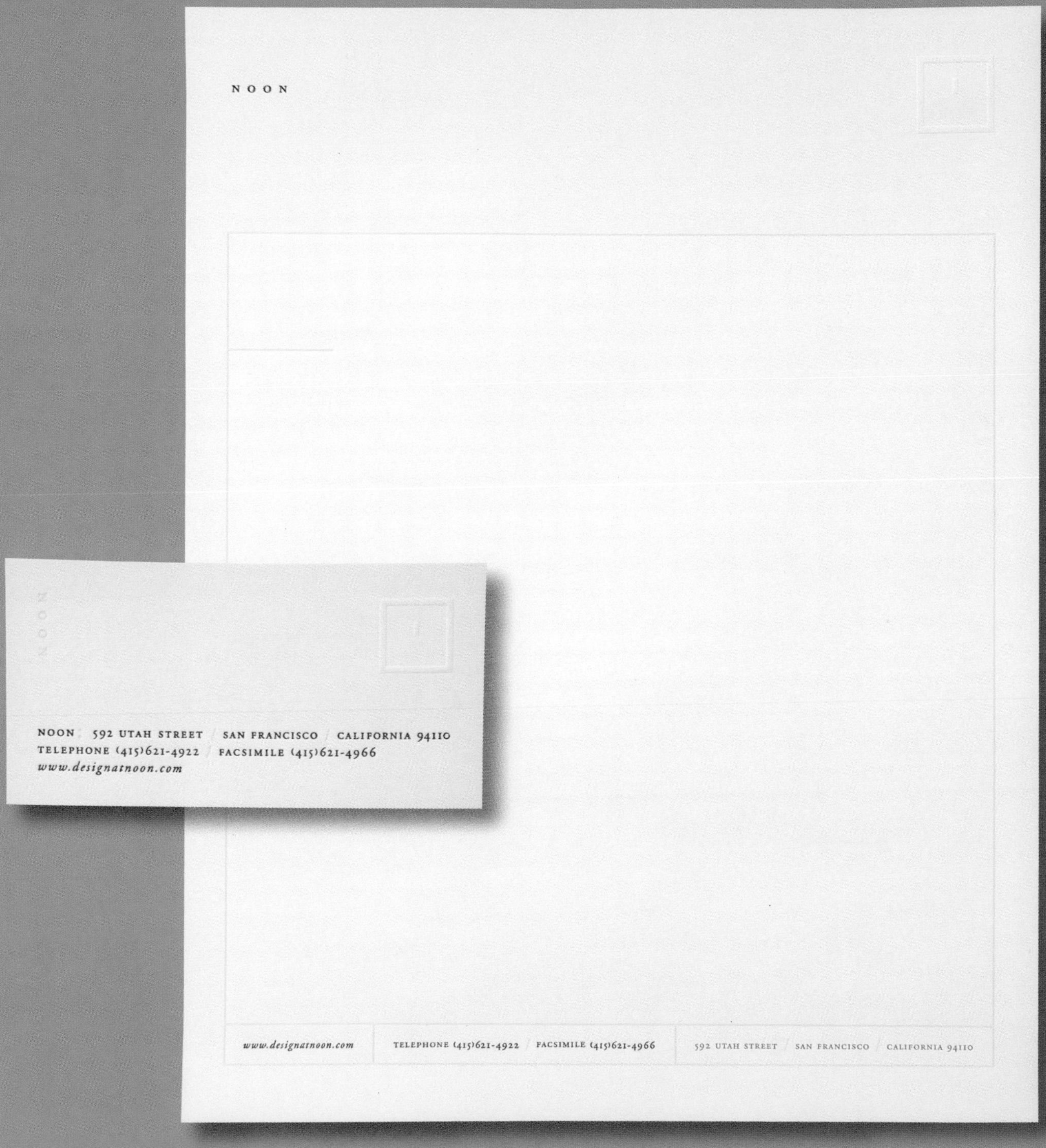

NOON

NOON / 592 UTAH STREET / SAN FRANCISCO / CALIFORNIA 94110
TELEPHONE (415)621-4922 / FACSIMILE (415)621-4966
www.designatnoon.com

www.designatnoon.com | TELEPHONE (415)621-4922 / FACSIMILE (415)621-4966 | 592 UTAH STREET / SAN FRANCISCO / CALIFORNIA 94110

merry
monk
design

1200 Washington Street, Studio 114
Boston, MA 02118 | Tel 617.698.5174

MERRYMONKDESIGN.COM

Inspiration considers the unexpected.
Reason incorporates everything.
Imagination creates good fortune.

merry
monk
design

FACING PAGE | **NOON** | DESIGNER **CINTHIA WEN** | CLIENT **NOON**
CUSP DESIGN | DESIGNER **CHIRANIT PRATEEPASEN** | CLIENT **MERRY MONK DESIGN**

7800 E. 12th Street
Kansas City, MO 64126

phone 816.483.6999
fax 816.231.7233

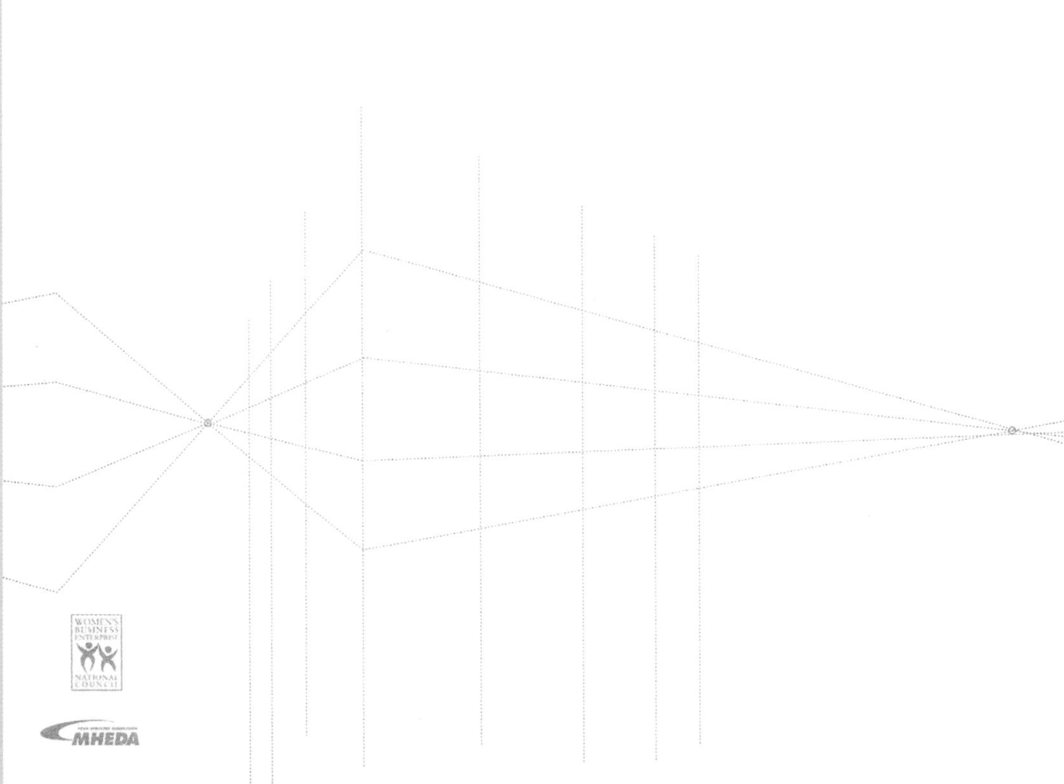

WOMEN'S BUSINESS ENTERPRISE NATIONAL COUNCIL

MHEDA

inpraxis::
Konzept + Gestaltung

Andreas Kranz *Dipl. Designer (FH)*
Senior Partner

Nigerstraße 4 81675 München
T +49.89.44 43 98 70 F +49.89.44 43 98 80

a.kranz@inpraxis.com

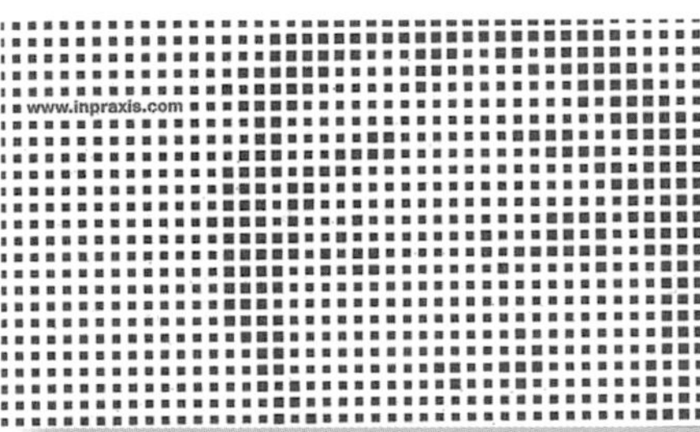

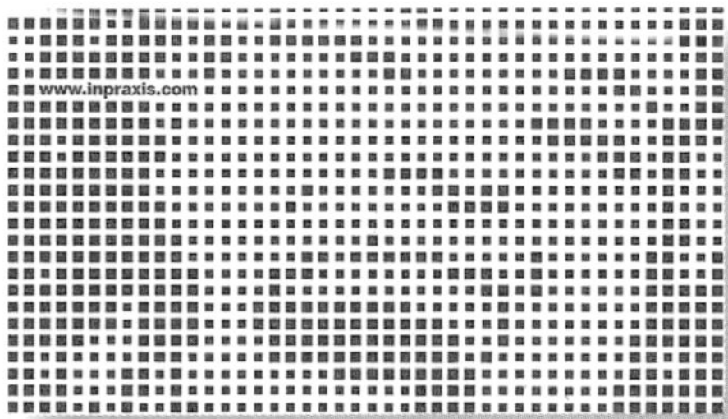

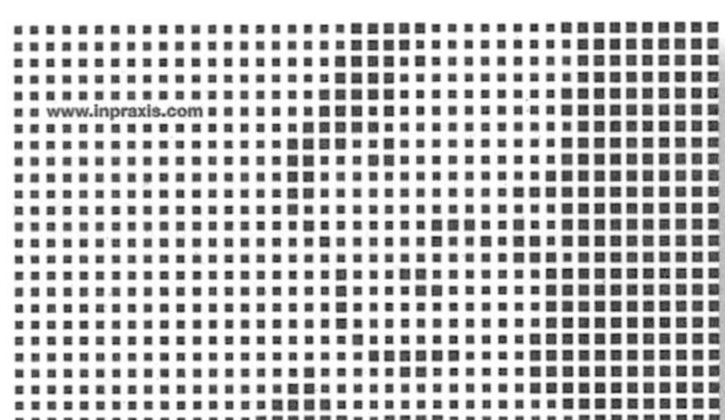

FACING PAGE | **TRACY DESIGN** | ART DIRECTOR **JAN TRACY** | DESIGNER **PATRICK SIMONE** | CLIENT **WAREHOUSE 1**
INPRAXIS, KONZEPT + GESTALTUNG | ART DIRECTORS **ANDREAS KRANZ, CHRISTIANE SCHÄFFNER** | DESIGNER **INA KÄHLIG** | CLIENT **SELF**

CAMPAIGN *for* THE FIELD MUSEUM

UNDERSTAND THE PAST
SHAPE THE FUTURE

The Field Museum

Campaign Cabinet

Marshall B. Front
Chairman, Capital Campaign
Judith S. Block
Robert W. Crawford, Jr.
Marshall Field
Chairman, Board of Trustees
Ronald J. Gidwitz
Mellody Hobson
William C. Kunkler
John W. McCarter, Jr.
President and CEO
Cary J. Malkin
Neil S. Novich
Richard Pigott
Adele S. Simmons
Miles D. White

1400 South Lake Shore Drive
Chicago, Illinois 60605-2496
(312) 665-7776 telephone
(312) 665-7778 fax
www.fieldmuseum.org

A

ADAMO LONDON

444

SARATOGA AVENUE, SUITE 2D

SANTA CLARA

CALIFORNIA 95050

FACSIMILE 408 241 7215

www.adamolondon.com

from the desk of

NADIM KHAN HASHIM

ah@adamolondon.com

408 391 8421

peterson ARCHITECTS 1126 folsom street, #3. san francisco, CALIFORNIA 94103 TELEPHONE 415.431.6600 FACSIMILE 415.431.9695

peterson ARCHITECTS

1126 folsom street, #3. san francisco, CALIFORNIA 94103

www.petersonarch.com

TELEPHONE 415.431.6600 FACSIMILE 415.431.9695

1126 folsom street, #3. san francisco, CALIFORNIA 94103

011586

1126 folsom street, #3. san francisco, CALIFORNIA 94103

011587

001154

PREVIOUS SPREAD, LEFT | **COSTELLO COMMUNICATIONS** | DESIGNER **JAMES COSTELLO** | CLIENT **THE FIELD MUSEUM**
PREVIOUS SPREAD, RIGHT | **CHEN DESIGN** | ART DIRECTOR **JOSHUA C. CHEN** | DESIGNERS **JENNIFER TOLO, MAX SPECTOR** | CLIENT **ADAMO LONDON**
MENDE DESIGN | DESIGNER **JEREMY MENDE** | CLIENT **PETERSON ARCHITECTS**

NancyNimoy

www.nancynimoy.com nancy@nancynimoy.com
Helms Building | 8800 Venice Blvd Suite 215 | Culver City CA 90034
Studio: 310 558 8350 Cell: 310 351 9342 Fax: 310 558 8351

ILLUSTRATOR PAINTER

nancy@nancynimoy.com
NancyNimoy
www.nancynimoy.com

ILLUSTRATOR PAINTER

PH.D | DESIGNER **MICHAEL HODGSON** | CLIENT **NANCY NIMOY**

GARY TARDIFF
850 Summer Street
Boston Ma 02127
tel 617 464 4555
fax 617 464 4524
culinaryphoto.com

GARY TARDIFF
850 Summer Street
Boston Ma 02127
tel 617 464 4555
fax 617 464 4524
culinaryphoto.com

GARY TARDIFF
850 Summer Street
Boston Ma 02127
tel 617 464 4555
fax 617 464 4524
culinaryphoto.com

1

2

FACING PAGE | **BLACKCOFFEE®** | ART DIRECTOR **MARK GALLAGHER** | DESIGNER **LAURA SAVARD** | CLIENT **GARY TARDIFF PHOTOGRAPHY**
1 **GARDNER DESIGN** | ART DIRECTOR **BILL GARDNER** | DESIGNER **LUKE BOTT** | CLIENT **PLASTIC SURGERY CENTER**
2 **LANDOR ASSOCIATES** | ART DIRECTOR **NICOLAS APARICIO** | DESIGNERS **ANASTASIA LAKSMI, KISITINA WONG** | CLIENTS **NAPA VALLEY VINTNERS ASSOC.**

CAFÉ OPALINE

Café Opaline
at Dahesh Museum of Art
580 Madison Avenue New York, NY USA 10022
T 212.521.8155 F 212.521.8159
daheshmuseum.org

POULIN & MORRIS, INC. | ART DIRECTOR **L. RICHARD POULIN** | DESIGNERS **BRIAN BRINDISI, ANNA CRIDER** | CLIENT **DAHESH MUSEUM OF ART**

MORTENSEN DESIGN, INC. | ART DIRECTOR **GORDON MORTENSEN** | DESIGNER **ANN JORDAN**
CLIENT **CHRISTINE MORTENSEN RESIDENTIAL GARDEN DESIGN**

Virtuosity: a higher standard. In any group, there are leaders. The technical skill, originality, and authenticity of the following work represents a level of fluency and standard of excellence that merits special consideration. The ideas, forms, and functions expressed in these selections inspired in us a sense of awe, and a degree of envy.

1

2

3

1 VERLANDER DESIGN | DESIGNER MARK VERLANDER | CLIENT NATIONAL FOOTBALL LEAGUE
2 VERLANDER DESIGN | DESIGNER MARK VERLANDER | CLIENT NATIONAL FOOTBALL LEAGUE
3 VERLANDER DESIGN | DESIGNER MARK VERLANDER | CLIENT NATIONAL FOOTBALL LEAGUE

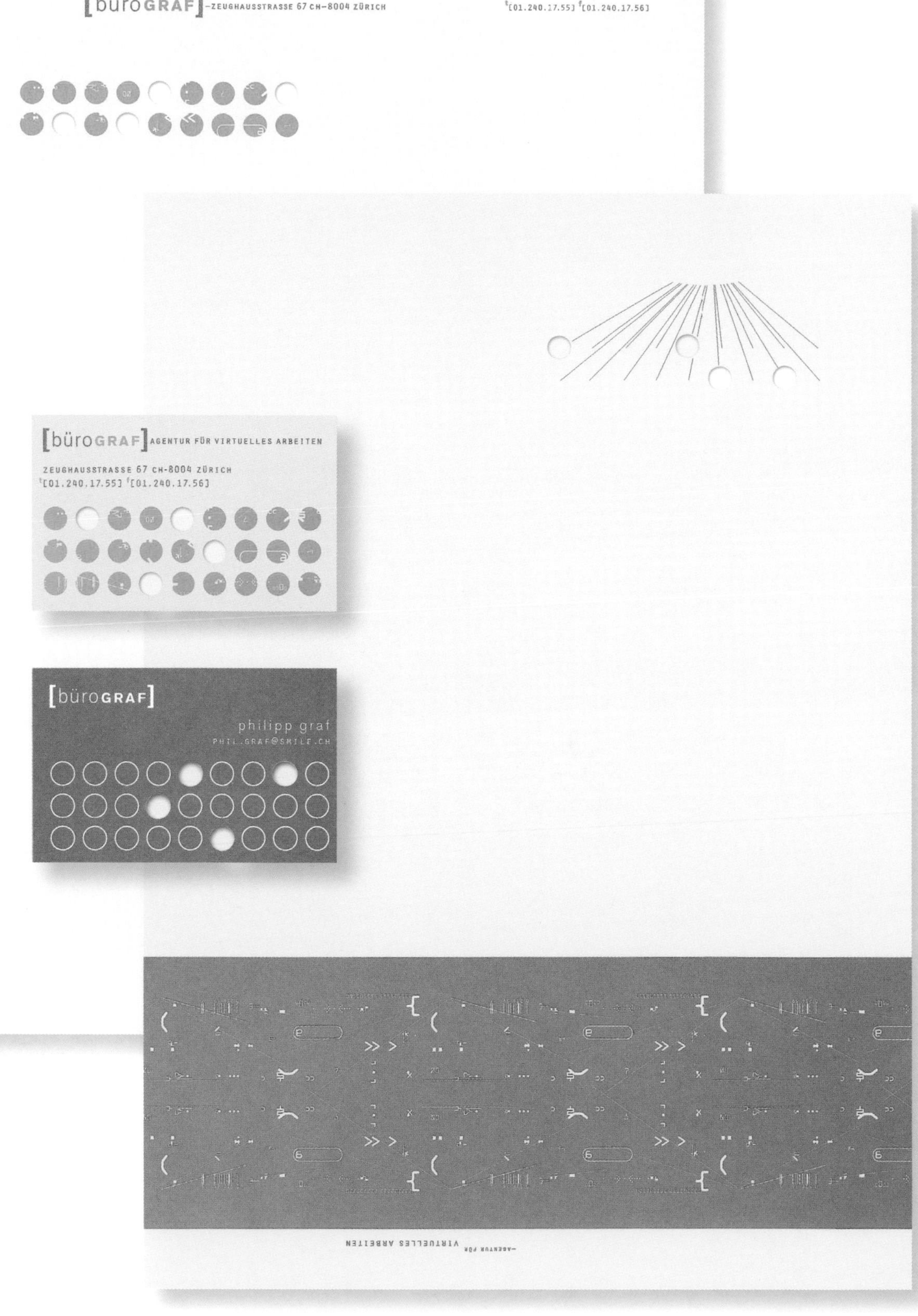

MENDE DESIGN | DESIGNER **JEREMY MENDE** | CLIENT **BÜROGRAF**

SAGMEISTER, INC. | ART DIRECTOR **STEFAN SAGMEISTER** | DESIGNERS **MATTHIAS ERNSTBERGER, SARAH NOELLENHEIDT**
CLIENT **SAGMEISTER, INC.**

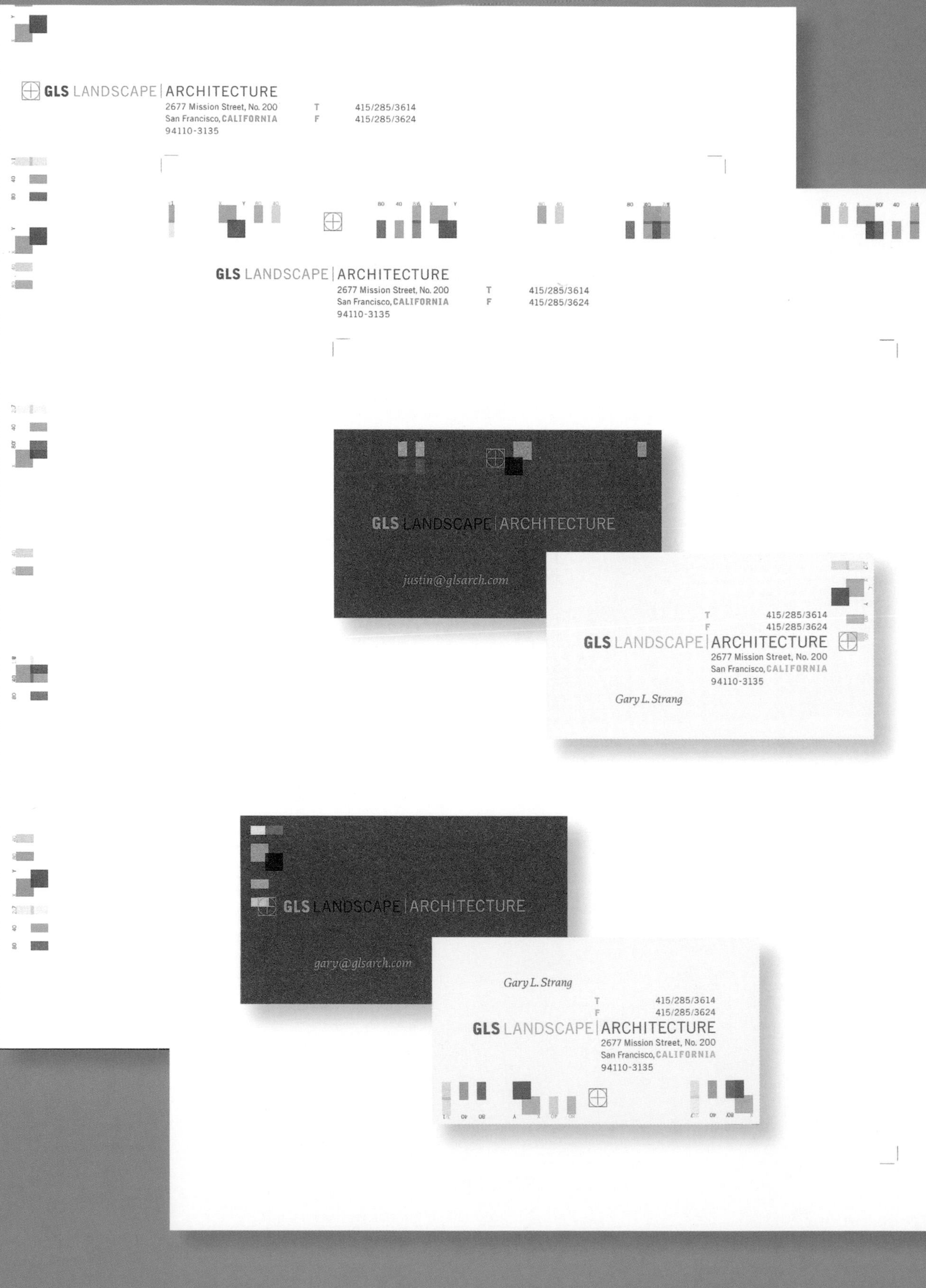
GLS LANDSCAPE | ARCHITECTURE
2677 Mission Street, No. 200
San Francisco, CALIFORNIA
94110-3135
T 415/285/3614
F 415/285/3624
justin@glsarch.com
Gary L. Strang
gary@glsarch.com

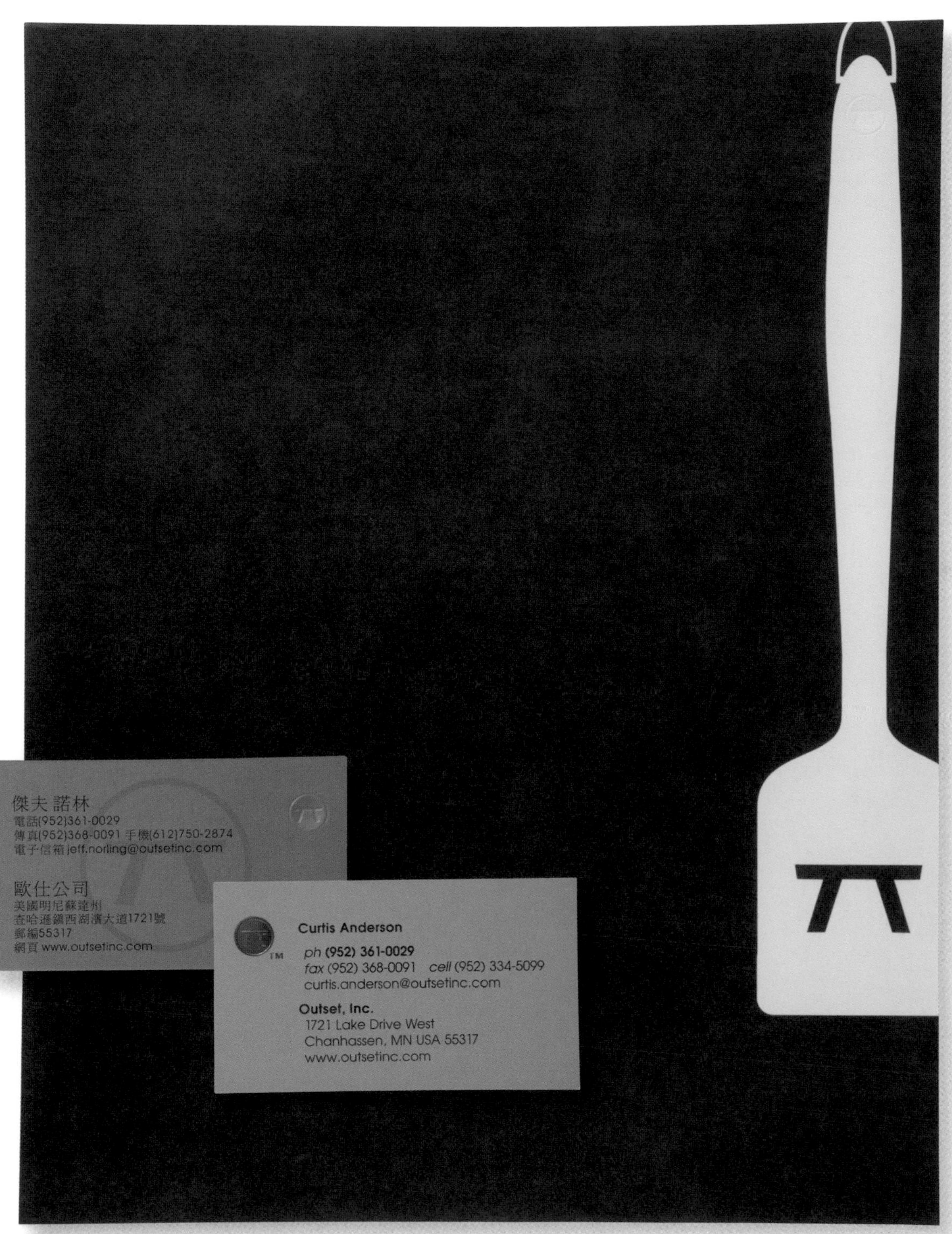

FACING PAGE | **MENDE DESIGN** | ART DIRECTOR **JEREMY MENDE** | DESIGNERS **JEREMY MENDE, MOLLY SKONIECZNY**
CLIENT **GLS LANDSCAPE ARCHITECTURE**

AKA CREATIVE | DESIGNER **AMY ANDERSON** | CLIENT **OUTSET, INC.**

WILLOUGHBY DESIGN GROUP | ART DIRECTOR **ANN WILLOUGHBY** | DESIGNER **LINDSAY LARRICKS** | CLIENT **KEVIN CARROLL**
FACING PAGE | **SALT BRANDING** | ART DIRECTOR **PAUL PARKIN** | DESIGNER **CESAR CHIN** | CLIENT **TRIBE.NET**

tribe™.net
local connections

1

2

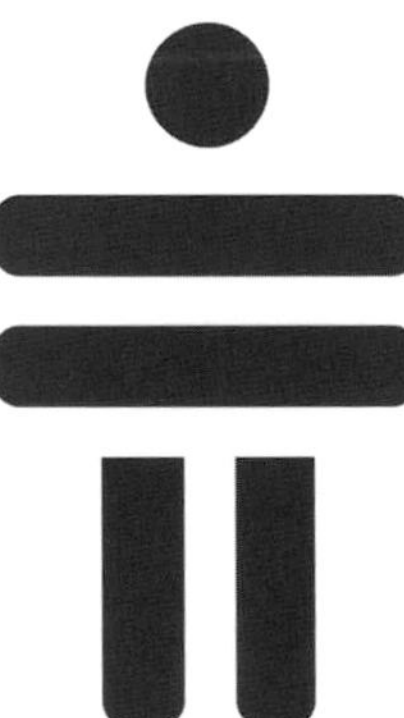

1 **SULLIVANPERKINS** | DESIGNER **CHUCK JOHNSON** | CLIENT **YAVNEH ACADEMY**
2 **MANASTERIOTTI DESIGN STUDIO** | DESIGNER **IGOR MANASTERIOTTI** | CLIENT **CENTER FOR GENDER EQUALITY**

1

2

1 **RICK JOHNSON & COMPANY** | ART DIRECTOR **SAM MACLAY** | DESIGNER **TIM MCGRATH** | CLIENT **OILSLICK IMPORTS**
2 **VERLANDER DESIGN** | DESIGNER **MARK VERLANDER** | CLIENT **PRIMA VINI**

TARTINE

ARTISAN BAKERY

Arguably the finest bakery in San Francisco

1

2

FACING PAGE | **ELIXIR DESIGN** | ART DIRECTOR **JENNIFER JERDE** | DESIGNER **AARON CRUSE** | CLIENT **TARTINE**
1 **GRETEMAN GROUP** | DESIGNER **JAMES STRANGE** | CLIENT **WICHITA AVIATION FESTIVAL**
2 **GINGERBEE CREATIVE** | DESIGNER **GINGER KNAFF** | CLIENT **WEST MONT**

PUBLIC | ART DIRECTOR **TODD FOREMAN** | DESIGNERS **TODD FOREMAN, LINDSAY WHEELER** | CLIENT **POCKET DEVELOPMENT**

Tim
Foster
Architects

1 Purley Place, London, N1 1QA
Telephone 020 7354 1315
Fax 020 [illegible]

Email mail@timfosterarchitects.com
Web www.timfosterarchitects.com

Partners
Tim Foster
MA DipArch (Cantab) RIBA
Edmund Wilson
MA DipArch (Cantab) RIBA

Tim Foster Architects LLP is
a Limited Liability Partnership
Registered in England & Wales
Number OC305622
Registered Office
1 Purley Place, London, N1 1QA
VAT Number 242 7697 38

FORM | ART DIRECTOR **PAULA BENSON** | DESIGNERS **PAULA BENSON, NICK HARD** | CLIENT **TIM FOSTER ARCHITECTS**

1

HTIMS

2

APPAREL

1 TIM SMITH DESIGN | DESIGNER TIM SMITH | CLIENT TIM SMITH DESIGN
2 LLOYDS GRAPHIC DESIGN, LTD | DESIGNER ALEXANDER LLOYD | CLIENT PETE BAKER

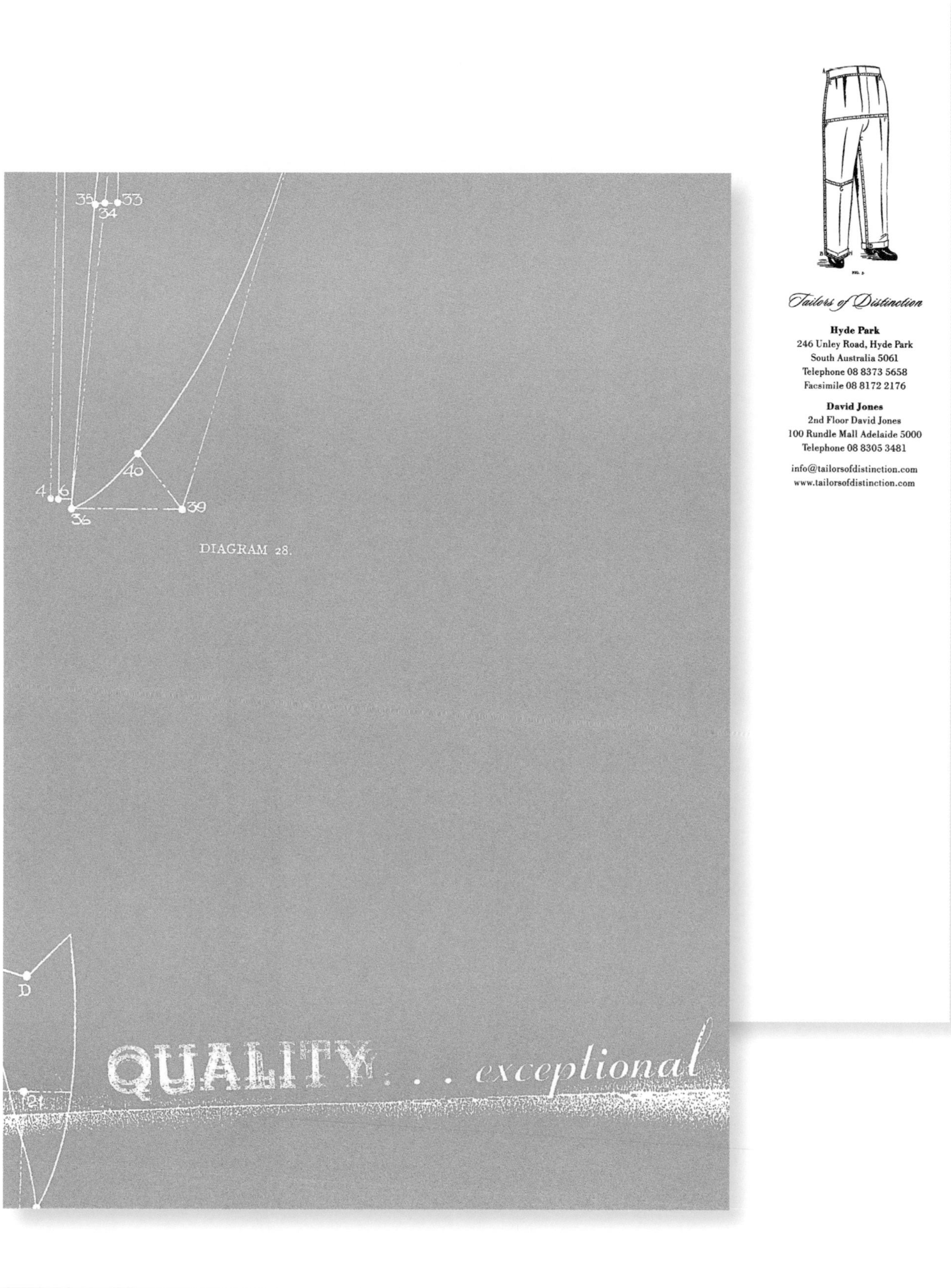

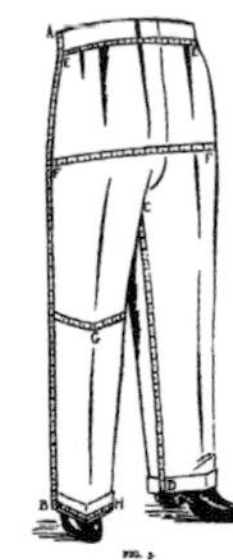

Tailors of Distinction

Hyde Park
246 Unley Road, Hyde Park
South Australia 5061
Telephone 08 8373 5658
Facsimile 08 8172 2176

David Jones
2nd Floor David Jones
100 Rundle Mall Adelaide 5000
Telephone 08 8305 3481

info@tailorsofdistinction.com
www.tailorsofdistinction.com

DIAGRAM 28.

QUALITY . . . *exceptional*

VOICE | DESIGNER **ANTHONY DELEO** | CLIENT **TAILORS OF DISTINCTION**

NEXT SPREAD | **KINETIC SINGAPORE** | ART DIRECTORS **ROY POH, PANN LIM** | DESIGNER **JONATHAN YUEN** | CLIENT **MIRACLE CREATIONS**

CLAIRE LIM
manager
claire@miracle-creations.com
97883818
MIRACLE CREATIONS
TOYS GAMES COMICS
MIRACLE CREATIONS
TOYS & COLLECTIBLES
CLAIRE LIM
manager
claire@miracle-creations.com
97883818
With compliments
110A Telok Kurau Lor G
Singapore 426314
+65 6346.0169
www.miracle-creations.com
MIRACLE CREATIONS
TOYS & COLLECTIBLES
Invoice no.
Client name
Date
Products
Amount
Price
Total Amount S$
Prepared by
Received by
110A Telok Kurau Lor G
Singapore 426314
+65 6346.0169
www.miracle-creations.com
MIRACLE CREATIONS
TOYS & COLLECTIBLES
MIRACLE CREATIONS
MIRACLE CREATIONS
TOYS & COLLECTIBLES
110A Telok Kurau Lor G
Singapore 426314
+65 6346.0169
www.miracle-creations.com
MIRACLE CREATIONS
TOYS & COLLECTIBLES

MIRACLE
CREATIONS
TOYS & COLLECTIBLES
110A Telok Kurau Lor G Singapore 426314 +65 6346.0169 www.miracle-creations.com

MIRACLE
CREATIONS
TOYS & COLLECTIBLES
110A Telok Kurau Lor G
Singapore 426314
+65 6346.0169
www.miracle-creations.com

1

2

3

4

1 PIERRE RADEMAKER DESIGN | ART DIRECTOR PIERRE RADEMAKER | DESIGNERS PIERRE RADEMAKER, DEBBIE SHIBATA | CLIENT COAST NATIONAL BANK

2 BOY + GIRL DESIGN | DESIGNER TODD VERLANDER | CLIENT FOX BARREL HARD CIDER

3 PIERRE RADEMAKER DESIGN | ART DIRECTOR PIERRE RADEMAKER | DESIGNERS PIERRE RADEMAKER, KENNY SWETE | CLIENT CALIFORNIA POLYTECHNIC STATE UNIVERSITY

4 DOTZERO DESIGN | DESIGNERS JON WIPPICH, KAREN WIPPICH | CLIENT CITY OF PORTLAND WATER BUREAU

FACING PAGE | GLITSCHKA STUDIOS | DESIGNER VON R. GLITSCHKA | CLIENT NW TATTOOS

Typography: Type that moves you. Single letterforms, hand lettered logotypes, essay-laden letterheads, and elegant ligatures—these sixty works express a designer's love of letters. Though they share a common alphabet, each is unique in both form and meaning.

TALISMAN INTERACTIVE | DESIGNER **MICHAEL MCDONALD** | CLIENT **FREEDOM FILM FESTIVAL**

AUSTIN
STUDIOS

TEXAS
FILM
HALL of
FAME

AUSTIN
FILM
SOCIETY
ADVISORY BOARD
CHARLES BURNETT • GUILLERMO DEL TORO • JONATHAN DEMME • MIKE JUDGE • LYNDA OBST • ROBERT RODRIGUEZ
NANCY SAVOCA • JOHN SAYLES • STEVEN SODERBERGH • PAUL STEKLER • QUENTIN TARANTINO
OFFICE
512 322.0145 VOX
322.5192 FAX
1901 EAST 51 STREET | AUSTIN, TX 78723
AFS@AUSTINFILM.ORG
BOARD OF DIRECTORS
MARCY GARRIOTT RICK TRIPLETT CORKY HILLIARD CHRIS ADAMS RICHARD LINKLATER REBECCA CAMPBELL
ELIZABETH AVELLÁN • KAREN BERNSTEIN • LOUIS BLACK • MIA CARTER • MARC ENGLISH • DEBORAH HILL • JIM MAGNUSON
TIM MCCANLIES • TERRY MCDEVITT • CHARLES RAMÍREZ-BERG • EDDIE SAFADY • ROBERT STEINBOMER • DONNA STOCKTON-HICKS • STEPHEN STRAUS • ROBERT WALKER

STUDIO COORDINATOR
RACHEL BLACKNEY
AUSTIN
FILM
SOCIETY

AUSTIN
STUDIOS

TEXAS
FILM
HALL of
FAME
512 322.0145 VOX
322.5192 FAX
1901 EAST 51 STREET AUSTIN, TEXAS 78723
RACHEL@AUSTINFILM.ORG

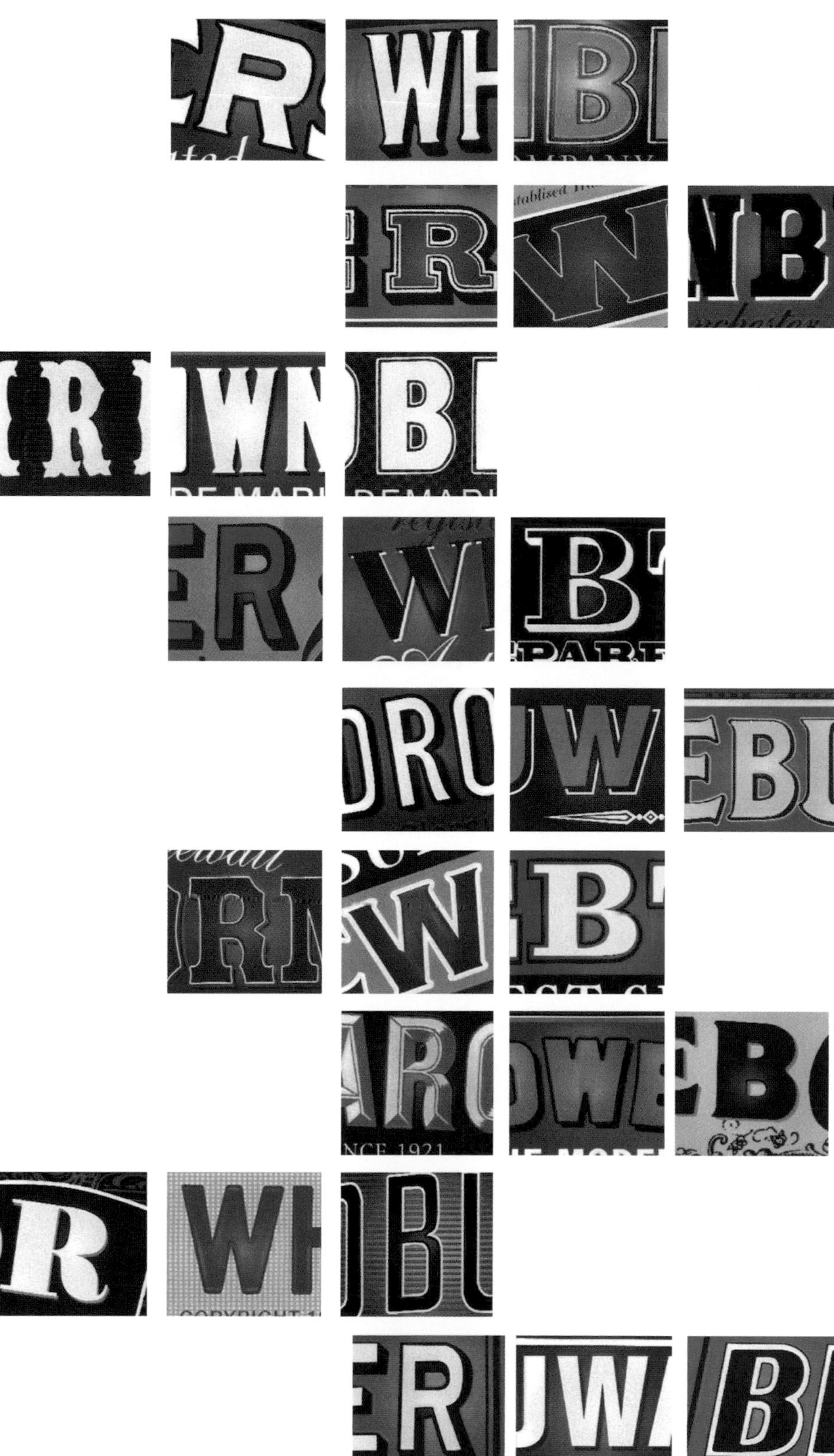

FACING PAGE | **MARC ENGLISH DESIGN** | DESIGNER **MARC ENGLISH** | CLIENT **AUSTIN FILM SOCIETY**
LOWERCASE, INC. | ART DIRECTOR **TIM BRUCE** | DESIGNERS **TIM BRUCE, KRIS MCKNIGHT** | CLIENT **RIVER WEST BRANDS, LLC**

standard

1

2

3

ME,ME

FACING PAGE | **GARDNER DESIGN** | DESIGNER **LUKE BOTT** | CLIENT **STANDARD**

1 **CESART** | ART DIRECTOR **JEAN-FRANÇOIS CLERMONT** | CLIENT **CESART / INVIA**

2 ART DIRECTOR **JOEL WASSERMAN** | CLIENT **GWARSH**

3 **ME,ME** | DESIGNER **PETER VATTANATHAM** | CLIENT **ME,ME**

Level 46, MLC Centre
19-29 Martin Place
Sydney NSW 2000
ACN 099 055 571

Telephone: 61 2 9367 0888
Facsimile: 61 2 9367 0896
Email: base@basebackpackers.com
Web: www.basebackpackers.com

base
BACKPACKERS

base
BACKPACKERS

Graeme Warring CEO
Mobile: 0411 250 425

EVERY TRAVELLER NEEDS A BASE

1 

2 

3 

FACING PAGE | **BILLY BLUE CREATIVE** | DESIGNER **JUSTIN SMITH** | CLIENT **BASE BACKPACKERS**
1 **IAAH /IAMALWAYSHUNGRY** | DESIGNER **NESSIM HIGSON** | CLIENT **DC COMICS**
2 **STUDIO SONSOLES LLORENS** | DESIGNER **STUDIO SONSOLES LLORENS** | CLIENT **LA CLARA**
3 **DAMION HICKMAN DESIGN** | ART DIRECTOR **DAMION HICKMAN** | DESIGNERS **DAMION HICKMAN, LEIGHTON HUBBELL** | CLIENT **TEN RESTAURANT GROUP**

1

2

3

4

1 **UP DESIGN BUREAU** | DESIGNER **CHRIS PARKS** | CLIENT **BARRY SANDERS**
2 **DESIGN AHEAD** | DESIGNER **RALF STUMPF** | CLIENT **STEINBRUCH**
3 **FORM** | DESIGNERS **PAUL WEST, PAULA BENSON** | CLIENT **FORM**
4 **HULA + HULA** | ART DIRECTORS **OUIOUE OLLERVIDES & CHA!** | DESIGNER **OUIOUE OLLERVIDES** | CLIENT **KONG**
FACING PAGE | **SAGMEISTER, INC.** | ART DIRECTOR **STEFAN SAGMEISTER** | DESIGNER **MATTHIAS ERNSTBERGER** | CLIENT **LOU REED**

LOU REED
584 BROADWAY suite 609
NEW YORK, NY 10012
212 343 2100
212 343 2127 fax

SISTER RAY
ENTERPRISES
sisraynyc@sisterray.com
www.loureed.com

DEPARTURE DATE

PASSENGER NAME

DESTINATION

ORIGIN

AIR ZOO®
THE TOTAL FLIGHT EXPERIENCE

6151 Portage Rd. Portage MI 49002 USA North America 42° 13.25' N x 85° 33.50' W Earth Milky Way

AIR ZOO®
THE TOTAL FLIGHT EXPERIENCE

COORDINATES

6151 Portage Rd. Portage MI 49002 USA North America Earth Milky Way

866 5-AIRZOO
269 382-6555 p
269 382-1813 f
www.airzoo.org

1 

2 

3 

4 

5 

FACING PAGE | **JAGER GROUP** | ART DIRECTOR **ROB JACKSON** | DESIGNER **ELENA TISLERIES** | CLIENT **AIR ZOO AVIATION MUSEUM**
1 **LISKA + ASSOCIATES** | ART DIRECTOR **TANYA QUICK** | DESIGNER **DANIELLE AKSTEIN** | CLIENT **ME&B MATERNITY**
2 **HULA + HULA** | ART DIRECTORS **OUIOUE OLLERVIDES & CHA!** | DESIGNER **OUIOUE OLLERVIDES** | CLIENT **BMG ENTERTAINMENT**
3 DESIGNER **JOEL WASSERMAN** | CLIENT **SCEATS KNECT**
4 **BE.DESIGN** | ART DIRECTOR **WILL BURKE** | DESIGNER **MONICA SCHLAUG** | CLIENT **PEKOE SIPHOUSE**
5 **HULA + HULA** | ART DIRECTORS **OUIOUE OLLERVIDES & CHA!** | DESIGNER **OUIOUE OLLERVIDES** | CLIENT **FOBIA**

deb markanton certified massage therapist 415 835 4759
2906 lyon street san francisco california 94123

levitate

CIRCLE K STUDIO | DESIGNER **JULIE KEENAN** | CLIENT **LEVITATE**
FACING PAGE | **ST. IVES / CREATIVE SIDE** | DESIGNER **JEFF KINCAID** | CLIENT **ST. IVES**

St Ives creative side

A DESIGN STUDIO | Photography | Graphic Design | Copy

MIAMI
13449 NW 42nd Avenue Miami, FL 33054
(305) 685-7381
stivescreative.com

NEW YORK
75 Ninth Ave 2nd floor New York, NY 10011
(212) 414-7506
stivescreative.com

St Ives Creative Side
13449 NW 42nd Avenue Miami, FL 33054
(305) 685-7381
stivescreative.com

1

THE LINEAR

2

2 SF
C
CARBON

3

4

1 **KINETIC SINGAPORE** | ART DIRECTORS **PANN LIM, ROY POH** | DESIGNER **PANN LIM** | CLIENT **AMARA HOLDINGS LIMITED**
2 **NOON** | ART DIRECTOR **CINTHIA WEN** | DESIGNER **CLAUDIA FUNG** | CLIENT **CARBON NYC**
3 **LISKA + ASSOCIATES** | ART DIRECTOR **TANYA QUICK** | DESIGNER **JONATHAN SEEDS** | CLIENT **LUXI**
4 **KENDALL ROSS** | ART DIRECTOR **DAVID KENDALL** | DESIGNER **SCOTT FRIESEN** | CLIENT **SUKRA YOGA**
FACING PAGE | **FORM** | ART DIRECTOR **PAUL WEST** | DESIGNERS **PAUL WEST, CHRIS HILTON** | CLIENT **DARKSIDE FX**

Darkside[FX]

Shepperton Studios Studios Road Shepperton Middlesex TW17 0QD
Telephone: +44 (0)7000 327574 Fax: +44 (0)7002 327574
Email: info@darksidefx.com www.darksidefx.com

Directors: Joss Williams Mike Dawson Registered Office: Beachey House 87 Church Street
Crowthorne Berks RG45 7AW Registered in England No: 345952 VAT: 669447874

PUBLIC ARCHITECTURE
PUTS THE RESOURCES OF ARCHITECTURE IN THE SERVICE OF THE PUBLIC INTEREST. WE IDENTIFY AND SOLVE PRACTICAL PROBLEMS OF HUMAN INTERACTION IN THE BUILT ENVIRONMENT AND ACT AS A CATALYST FOR PUBLIC DISCOURSE THROUGH EDUCATION, ADVOCACY AND THE DESIGN OF PUBLIC SPACES AND AMENITIES.
1126 FOLSOM STREET, No. 3, SAN FRANCISCO, CA 94103-1397
T 415.861.8200 F 415.431.9695 WWW.PUBLICARCHITECTURE.ORG
PUBLIC ARCHITECTURE
PUTS THE RESOURCES OF ARCHITECTURE IN THE SERVICE OF THE PUBLIC INTEREST. WE IDENTIFY AND SOLVE PRACTICAL PROBLEMS OF HUMAN INTERACTION IN THE BUILT ENVIRONMENT AND ACT AS A CATALYST FOR PUBLIC DISCOURSE THROUGH EDUCATION, ADVOCACY AND THE DESIGN OF PUBLIC SPACES AND AMENITIES.
1126 FOLSOM STREET, No. 3, SAN FRANCISCO, CA 94103-1397
T 415.861.8200 F 415.431.9695 WWW.PUBLICARCHITECTURE.ORG
John Peterson, AIA
Chairman
jpeterson@publicarchitecture.org

1

association internationale des critiques d'art, turquie
international association of art critics, turkey
uluslararası sanat eleştirmenleri derneği, türkiye

AICA
TR

2

PUNCHCUT

3

ROUTLEDGE
MODISE
MOSS ATTORNEYS
MORRIS

FACING PAGE | **MENDE DESIGN** | DESIGNER **JEREMY MENDE** | CLIENT **PUBLIC ARCHITECTURE**
1 DESIGNER | **UMUT SÜDÜAK** | CLIENT **INTERNATIONAL ASSOCIATION OF ART CRITICS, TURKEY**
2 **PUNCHCUT** | ART DIRECTOR **JARED BENSON** | DESIGNERS **J. BENSON, J. PEMBERTON, K. OLEWILER** | CLIENT **PUNCHCUT**
3 **ENTERPRISE IG** | ART DIRECTOR **DAVE HOLLAND** | DESIGNERS **ADAM BOTHA, DAVE HOLLAND** | CLIENT **ROUTLEDGE MODISE MOSS MORRIS**

MGMT. DESIGN | ART DIRECTORS **ARIEL APTE, SARAH GEPHART, ALICIA CHENG** | DESIGNERS **ARIEL APTE, SARAH GEPHART** | CLIENT **MGMT.DESIGN**

1

2

3

4

1 **BÜROCRATIK** | DESIGNER **ADRIANO ESTEVES** | CLIENT **CAPA, SOCIEDADE DE ADVOGADOS, LDA.**
2 **SALT BRANDING** | ART DIRECTOR **PAUL PARKIN** | DESIGNER **CESAR CHIN** | CLIENT **ALIPH**
3 **OFFICE FOR DESIGN** | DESIGNER **PAULA ALBANY** | CLIENT **INDONA**
4 **WEMAKE DESIGN** | DESIGNER **NIK DILLON** | CLIENT **VIEW MAGAZINE**

POLSHEK PARTNERSHIP **ARCHITECTS**

Joseph L. Fleischer FAIA Timothy P. Hartung FAIA Duncan R. Hazard AIA Richard M. Olcott FAIA James S. Polshek FAIA Susan T. Rodriguez AIA Todd H. Schliemann AIA

Duncan R. Hazard AIA
Partner

Polshek Partnership LLP
320 West 13th Street
New York, New York 10014.1278
212.807.7171 tel
212.807.5917 fax
www.polshek.com

FACING PAGE | **POULIN + MORRIS, INC.** | DESIGNER **L. RICHARD POULIN** | CLIENT **POLSHEK PARTNERSHIP**
THIS PAGE | **PH.D** | ART DIRECTORS **CLIVE PIERCY, MICHAEL HODGSON** | DESIGNERS **CAROL KONO-NOBLE, CLIVE PIERCY** | CLIENT **NOOK BISTRO**
NEXT SPREAD, LEFT | **POULIN + MORRIS, INC.** | DESIGNERS **DOUGLAS MORRIS, L. RICHARD POULIN** | CLIENT **TUCCI, SEGRETE & ROSEN**
NEXT SPREAD, RIGHT | **VOICE** | DESIGNERS **ANTHONY DELEO, SCOTT CARSLAKE** | CLIENT **DAYCORP PROPERTY DEVELOPERS**

TUCCI SEGRETE + ROSEN

Dominick L. Segrete, AIA

Edward M. Calabrese
Lisa Contreras
Evangelo Dascal
Mike L. Kirn
Anthony Macahilig
Brett A. Rosenfeld
Santo Zappala

Architecture, Planning, Design

Tucci Segrete and Rosen Consultants, Inc. 475 Tenth Avenue New York, New York 10018 t.212.629.3900 f.212.629.3907 info@TSRNY.com

555 The Parade Magill SA 5072 **TELEPHONE** 08-8331-2533 **FACSIMILE** 08-8331-2544 **EMAIL** travisd@senet.com.au **ACN** 008-123-742

DAYCORP PROPERTY DEVELOPMENT

Q | ART DIRECTOR **THILO VON DEBSCHITZ** | DESIGNER **MARCEL KUMMERER** | CLIENT **KARIN SCHMIDT-FRIDERICHS**

GRAPHICULTURE | DESIGNER **CHAD OLSON** | CLIENT **ANN CUTTING**

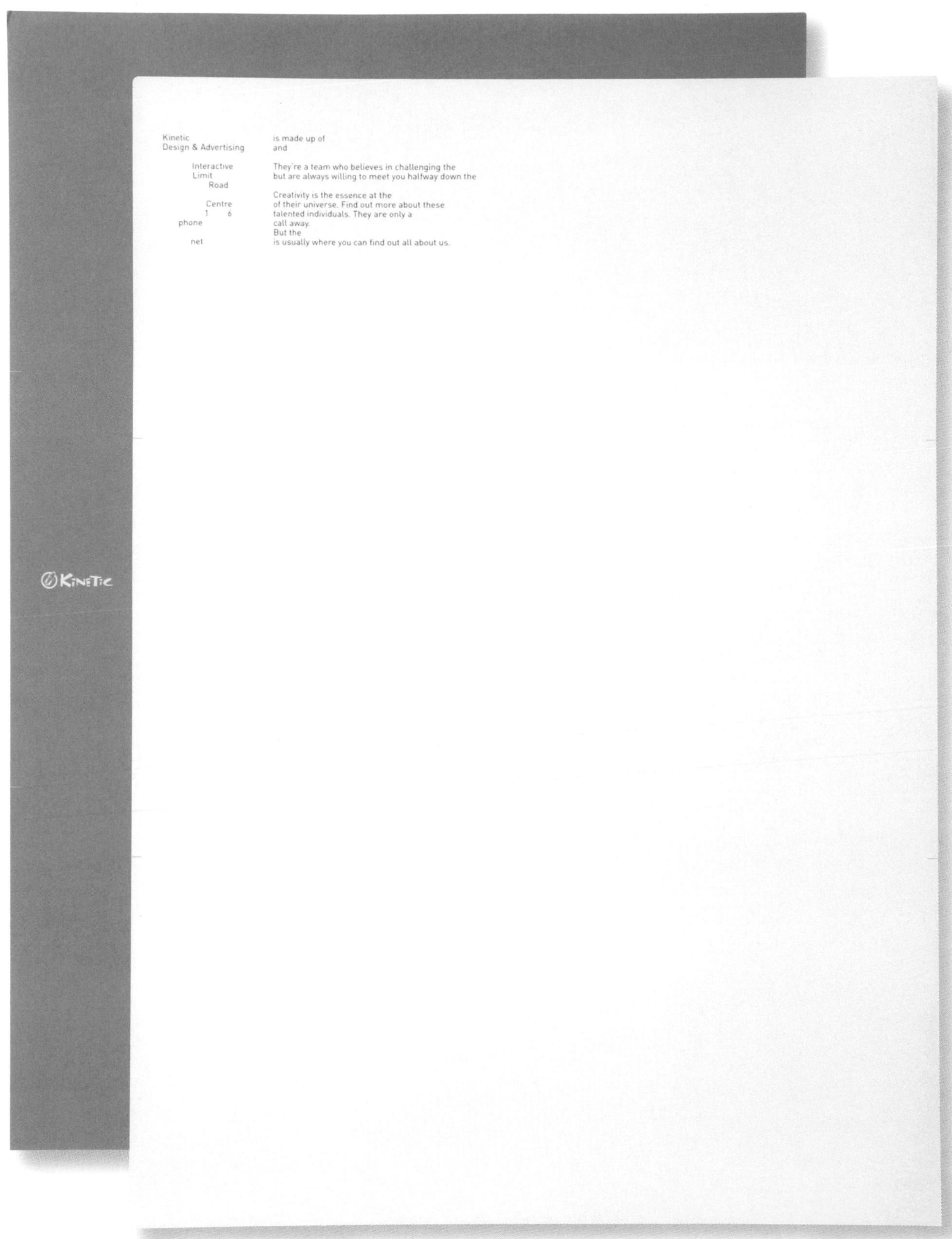

KINETIC SINGAPORE | ART DIRECTORS **PANN LIM, ROY POH, LENG SOH** | DESIGNER **LENG SOH** | CLIENT **KINETIC SINGAPORE**
FACING PAGE | **FIREFLY STUDIO PTE LTD** | ART DIRECTOR **MOHD YAZID** | DESIGNERS **LENG SOH BRICE LI, NORMAN LI** | CLIENT **FIREFLY STUDIO PTE LTD**

Firefly

FIREFLY STUDIO PTE LTD

ADDRESS
161 Neil Road
Level Two
Singapore 088885

PHONE
6324 6369

FACSIMILE
6324 3477

EMAIL
contact@firefly.com.sg

WEBSITE
www.firefly.com.sg

David
david@davidstarkwilson.com
755 Folger Avenue, Berkeley, CA 94710
p: 510.604.1474 f: 510.883.0869
WILSON
STARK

PUBLIC | ART DIRECTOR **TODD FOREMAN** | DESIGNER **NANCY THOMAS** | CLIENT **DAVID STARK WILSON**

TEMPLIN BRINK DESIGN | ART DIRECTORS **JOEL TEMPLIN, GABY BRINK** | DESIGNER **JOEL TEMPLIN** | CLIENT **IDREAM.COM**

THE dub HOUSE

MEDIA DUPLICATION

MAILING ADDRESS (915 Northeast 20 Avenue Suite 4
Fort Lauderdale, Florida 33304

CONTACT (Telephone 954.524.3658
Toll Free 877.900.DUBS (3827)
Facsimile 954.522.1905

INTERNET (info@thedubhouse.net
www.thedubhouse.net

THE dub HOUSE

Suzanne Sousa
DIRECTOR OF
SALES DEVELOPMENT

MAILING ADDRESS (915 Northeast 20 Avenue Suite 4
Fort Lauderdale, Florida 33304

CONTACT (Telephone 954.524.3658
Toll Free 877.900.DUBS (3827)
Facsimile 954.522.1905

INTERNET (suzanne@thedubhouse.net
www.thedubhouse.net

LICATION COMPACT DISCS
FORMATS
AND TRAYS/

1

modoi

2

bamboo®

3

pointlet

FACING PAGE | **GOUTHIER DESIGN** | CLIENT **THE DUB HOUSE**

1 **GENE LEE DESIGN** | DESIGNER **GENE LEE** | CLIENT **MODOI**

2 **LANDOR ASSOCIATES** | ART DIRECTOR **NICOLAS APARICIO** | DESIGNERS **ANDREW OTTO, PHIL FOSTER** | CLIENT **MUNCHKIN**

3 **GRAPEFRUIT** | ART DIRECTOR **MARIUS URSACHE** | DESIGNER **ANDREI BOTEZ** | CLIENT **POINTLET**

1

2

3

4

1 UP DESIGN BUREAU | ART DIRECTOR **CHRIS PARKS** | DESIGNERS **CHRIS PARKS, CHANEY KIMBELL** | CLIENT **UP DESIGN BUREAU**
2 GEYRHALTER DESIGN | ART DIRECTOR **FABIAN GEYRHALTER** | DESIGNER **EVELYN KIM** | CLIENT **ZANGPO**
3 OAKLEY DESIGN STUDIOS | DESIGNER **TIM OAKLEY** | CLIENT **KINK FM 102 - PORTLAND**
4 IAAH /IAMALWAYSHUNGRY | DESIGNER **NESSIM HIGSON** | CLIENT **ROBERTSON AND WILLIAMS FURNITURE DESIGN**

9R
Ninah Consulting

With compliments

9R
Ninah Consulting

Bridge House
63-65 North Wharf Road
London W2 1LA

t +44 (0) 20 7224 8510
f +44 (0) 20 7298 6920

e info@ninah.com
www.ninah.com

Bridge House
63-65 North Wharf Road
London W2 1LA

t +44 (0) 20 7224 8510
f +44 (0) 20 7298 6920

e info@ninah.com
www.ninah.com

Registered in England No. 1921320
Registered office as above
VAT No. GB 707 2836 33

DIALOG | ART DIRECTOR **DAVID LOCK** | DESIGNERS **DAVID LOCK, JOE P MORGAN** | CLIENT **NINAH CONSULTING**

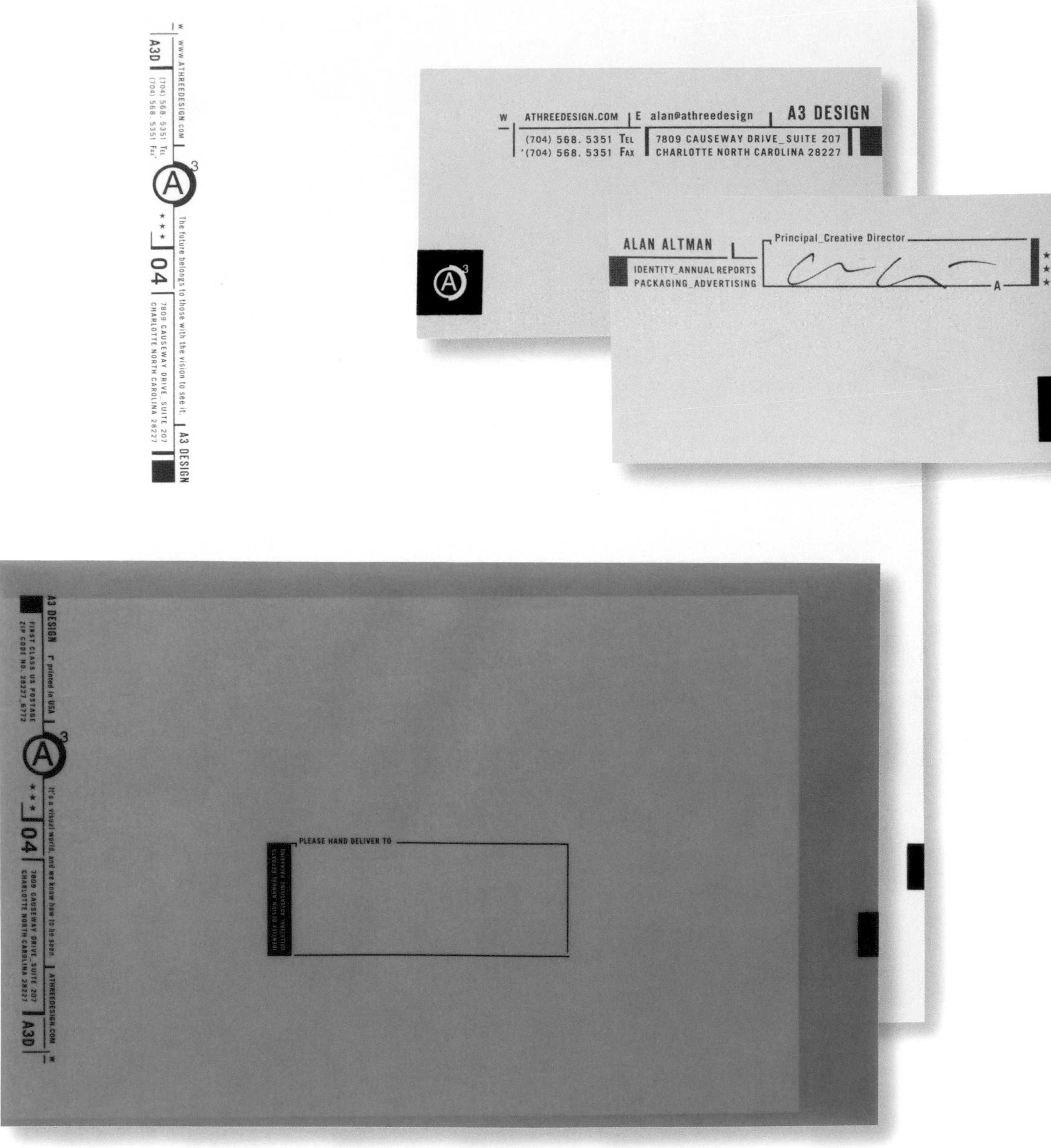

A3 DESIGN | ART DIRECTOR **ALAN ALTMAN** | DESIGNER **AMANDA ALTMAN** | CLIENT **A3 DESIGN**

1

2

3

1 FORM | ART DIRECTOR **PAUL WEST** | DESIGNERS **NICK HARD, PAUL WEST** | CLIENT **DAZED / TOPSHOP**
2 CAVE DESIGN | DESIGNER **LEO DIAZ** | CLIENT **INTERACTION ONLY CONFERENCE**
3 MDG | ART DIRECTOR **TIM MERRY** | DESIGNER **MIKE EATON** | CLIENT **MDG**

Materiality: The medium really is the message. In these examples, paper, texture, die cuts, and folds play an integral role in the success of the design. Each is an experience made more acute through the creative art of production.

capabilities
facilities
CONCEPT
TO COMPLETION
AND EVERYTHING
IN BETWEEN
Gallery
ALTERRA
wisely
home
AT CENTER ICE
IN SECTION 204
Columbia Gas of Ohio,
Providing warm, reliable
Girls.
Excellence.
the Future.
magical
moments
core.
CREATIVE BEST 2002 CALL FOR ENTRIES

ELEMENT | ART DIRECTOR **JEREMY SLAGLE** | DESIGNERS **JEREMY SLAGLE, JOHN MCCOLLUM** | CLIENT **ELEMENT**

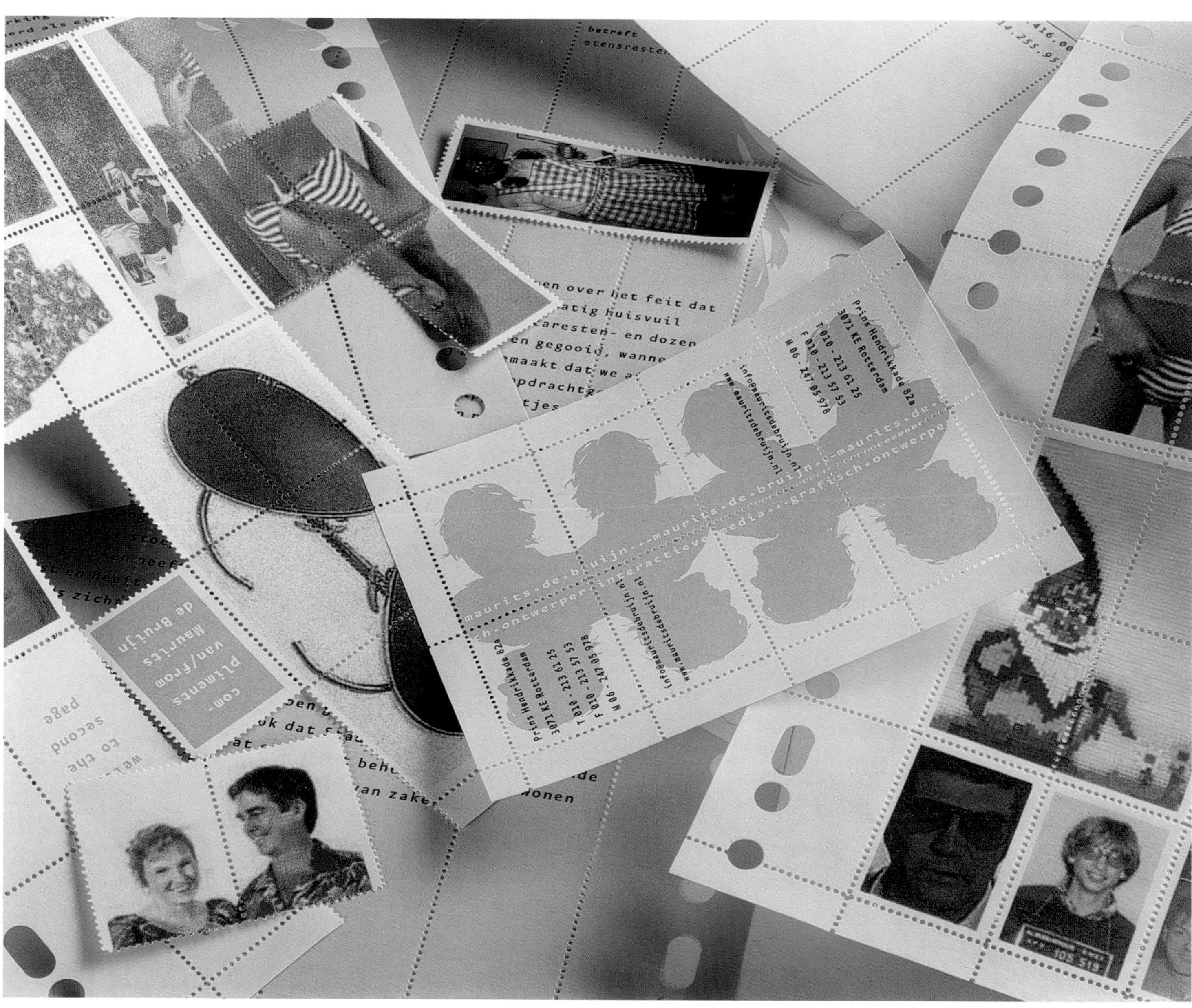

PING-PONG DESIGN | ART DIRECTORS **BARRY DE BRUIJN, MAARTEN JURRIAANSE** | DESIGNERS **BARRY DE BRUIJN, MAARTEN JURRIAANSE** | CLIENT **MAURITS DE BRUIJN**

PH.D | ART DIRECTORS **CLIVE PIERCY, MICHAEL HODGSON** | DESIGNERS **CLIVE PIERCY, JOHN HUGHES** | CLIENT **FATHER'S OFFICE**

UniForm®
UniForm®
47 Tabernacle Street
London EC2A 4AA, UK
Telephone: +44 (0)20 7014 1433
Fax: +44 (0)20 7014 1431
Email: studio@uniform.uk.com
Web: uniform.uk.com
Partners: P Benson, P West. VAT No: 523 4071 79
UniForm® is a registered trademark
lard®

UniForm®
UniForm®
UniForm®
47 Tabernacle Street
London EC2A 4AA, UK
Telephone: +44 (0)20 7014 1433
Fax: +44 (0)20 7014 1431
Email: studio@uniform.uk.com
Web: uniform.uk.com
Partners: P Benson, P West. VAT No: 523 4071 79
UniForm® is a registered trademark
uniform

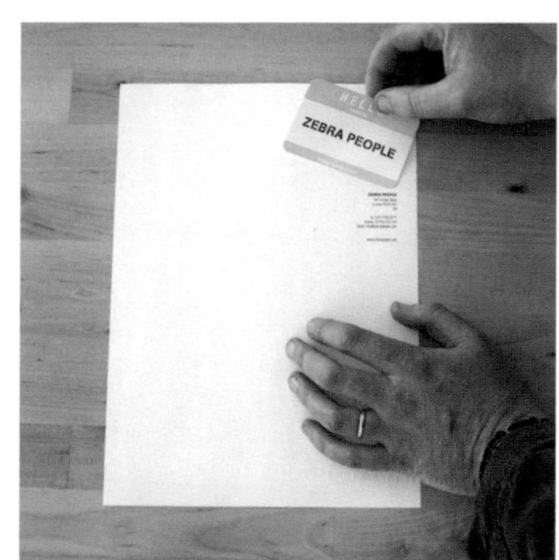

FACING PAGE | **FORM** | ART DIRECTORS **PAULA BENSON, PAUL WEST** | DESIGNERS **PAULA BENSON, NICK HARD, PAUL WEST** | CLIENT **UNIFORM**
HEATH KANE DESIGN | DESIGNER **HEATH KANE** | CLIENT **ZEBRA PEOPLE**

Campaign for PICA | Letterhead

Portland Institute for Contemporary Art
Address: 720 SW Washington, Suite 700, Portland, OR 97205
Phone: 503.242.1419 Fax: 503.243.1167 Email: pica@pica.org
Web: www.pica.org

What is art?

Campaign for PICA | Card

Portland Institute for Contemporary Art
Address: 720 SW Washington, Suite 700, Portland, OR 97205
Phone: 503.242.1419 Fax: 503.243.1167
Email: pica@pica.org Web: www.pica.org

PLAZM | DESIGNER JOSHUA BERGER | CLIENT PORTLAND INSTUTUE OF CONTEMPORARY ART

1

2

1 MICHAEL POWELL DESIGN | DESIGNER **MICHAEL POWELL** | CLIENT **MICHAEL POWELL DESIGN**

2 RICK JOHNSON & COMPANY | ART DIRECTOR **SAM MACLAY** | DESIGNER **TIM MCGRATH** | CLIENT **BELIZE SALTWATER OUTFITTERS**

GRETEMAN GROUP | ART DIRECTORS SONIA GRETEMAN, JAMES STRANGE | DESIGNERS JAMES STRANGE, CRAIG TOMSON | CLIENT KANSAS STATE FAIR

CLARK DESIGN | DESIGNER GLENN CLARK | CLIENT TWO COWS

1

2

1 **JAGER GROUP** | DESIGNER **ROB JACKSON** | CLIENT **OUTDOOR ADVERTISING ASSOC. OF AMERICA**

2 **ISOTOPE 221** | DESIGNER **CHRISTOPHER CANNON** | CLIENT **BRIDGE NINE RECORDS**

TEMPLIN BRINK DESIGN | ART DIRECTORS **JOEL TEMPLIN , GABY BRINK** | DESIGNER **JOEL TEMPLIN** | CLIENT **INDIAN MOTORCYCLES**

SUBPLOT DESIGN INC. | ART DIRECTOR **MATTHEW CLARK** | DESIGNERS **ROY WHITE, MATTHEW CLARK** | CLIENT **SUBPLOT DESIGN**

GO WELSH! | DESIGNER **CRAIG WELSH** | CLIENT **BRUSH. BRUSH. SMILE!**

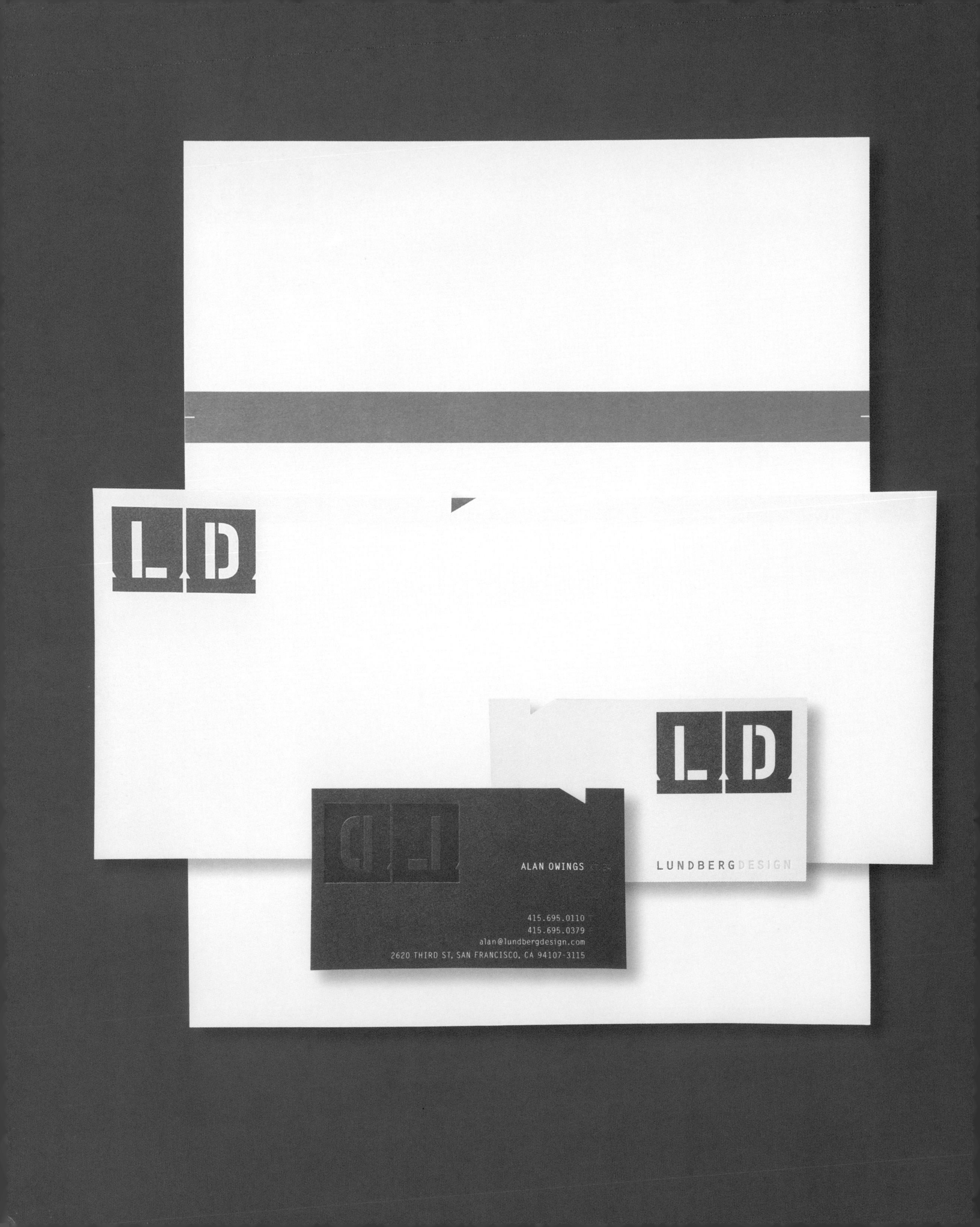

LD

LD

LUNDBERGDESIGN

ALAN OWINGS

415.695.0110 T
415.695.0379 F
alan@lundbergdesign.com
2620 THIRD ST, SAN FRANCISCO, CA 94107-3115

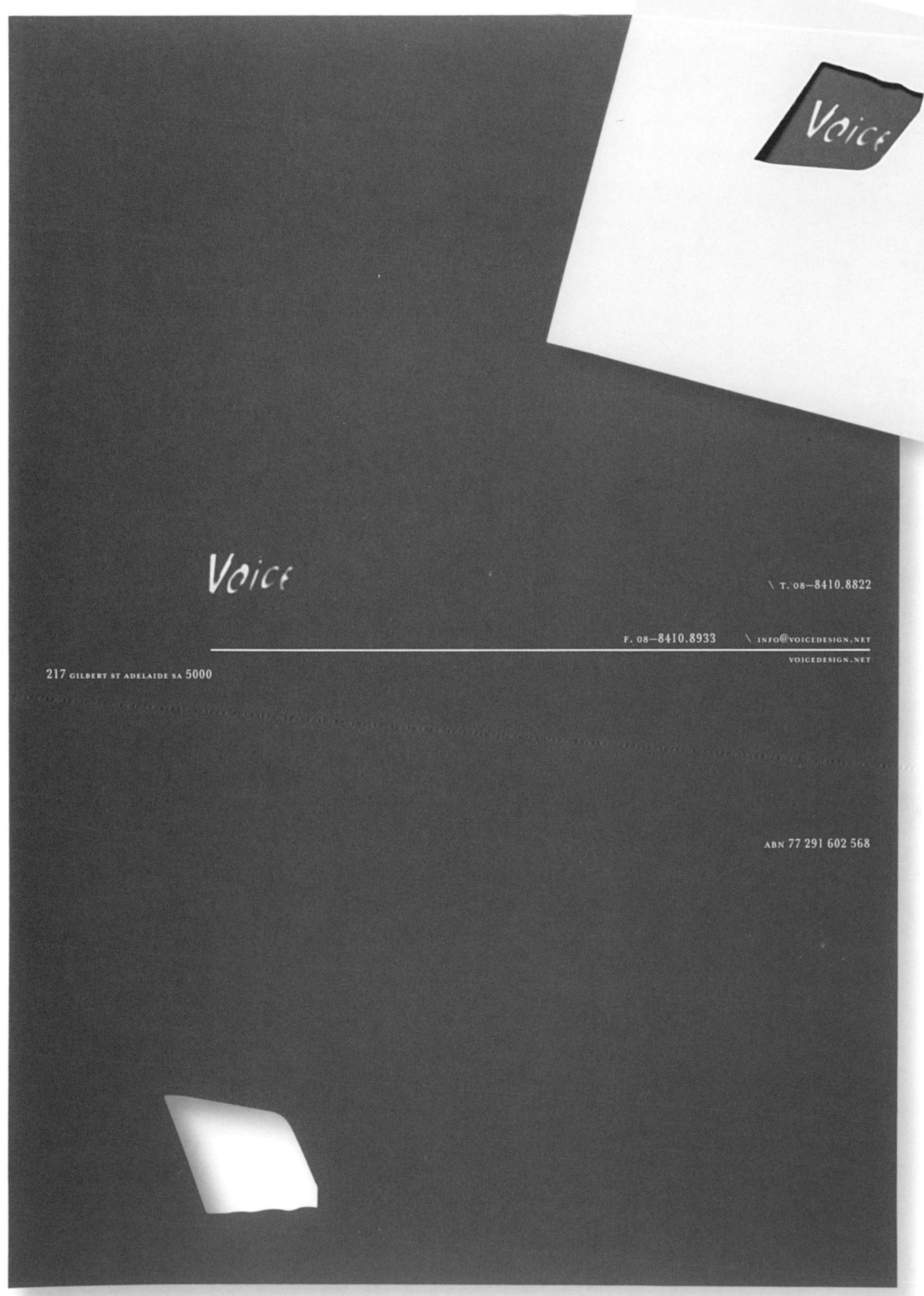

FACING PAGE | **MENDE DESIGN** | ART DIRECTOR **JEREMY MENDE** | DESIGNERS **JEREMY MENDE, AMADEO DESOUSA** | CLIENT **LUNDBERG DESIGN**
VOICE | ART DIRECTORS **SCOTT CARSLAKE, ANTHONY DELEO** | DESIGNER **SCOTT CARSLAKE** | CLIENT **VOICE**

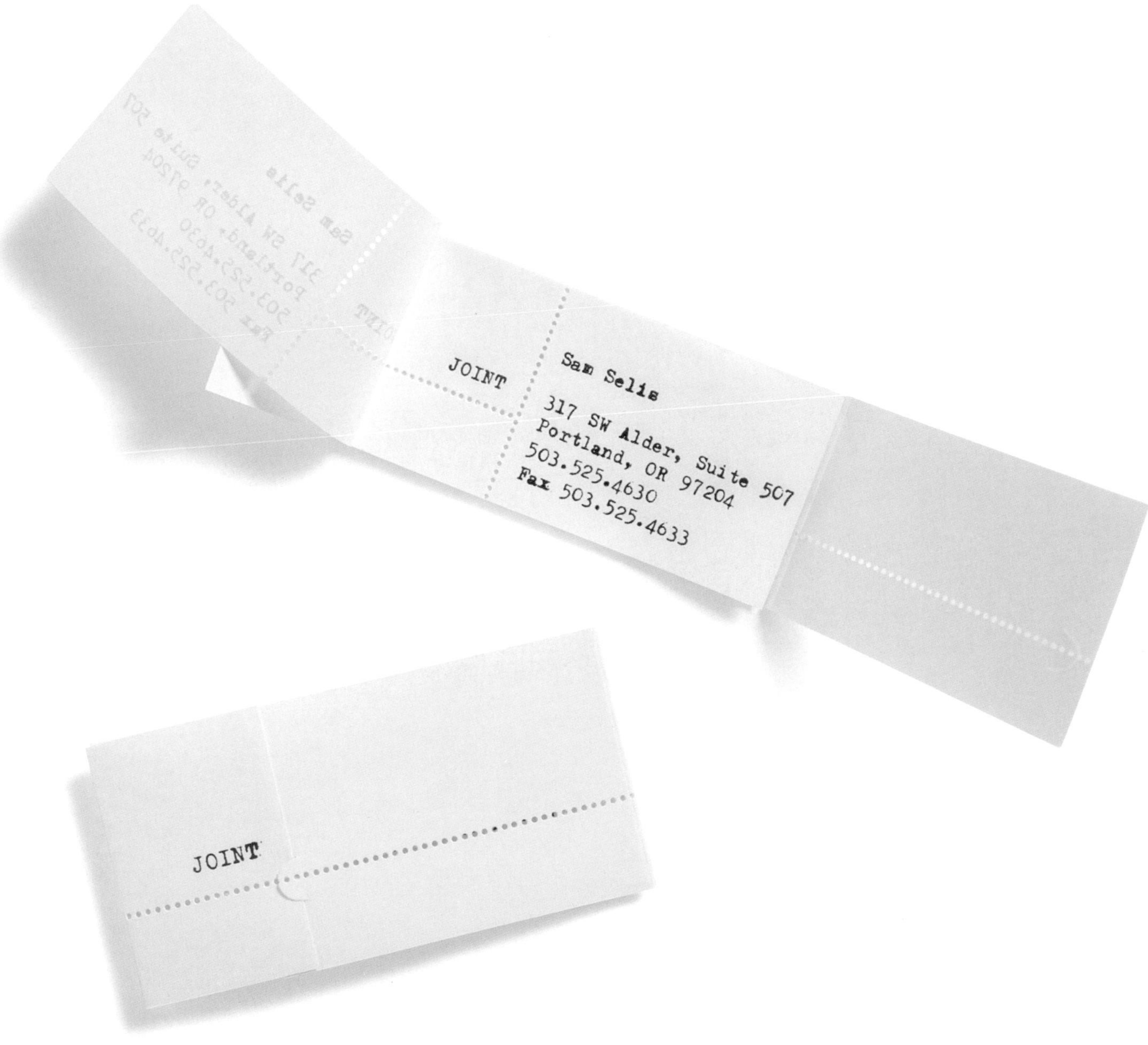

PLAZM | DESIGNER **NIKO COURTELIS** | CLIENT **JOINT**
FACING PAGE | **GRAPHISCHE FORMGEBUNG** | DESIGNER **HERBERT ROHSIEPE** | CLIENT **SIBYLLE JENSEN**

Sibylle Jensen

TASCHENMANUFAKTUR

Sibylle Jensen Püttmannsweg 11 44803 Bochum

Sibylle Jensen

TASCHENMANUFAKTUR

Püttmannsweg 11 44803 Bochum

T + F 02 34 . 4 38 50 46 info@wunschtasche.de

Püttmannsweg 11 44803 Bochum T + F 02 34 . 4 38 50 46 info@wunschtasche.de

Sparkasse Bochum Kto. 1 475 532 BLZ 430 500 01

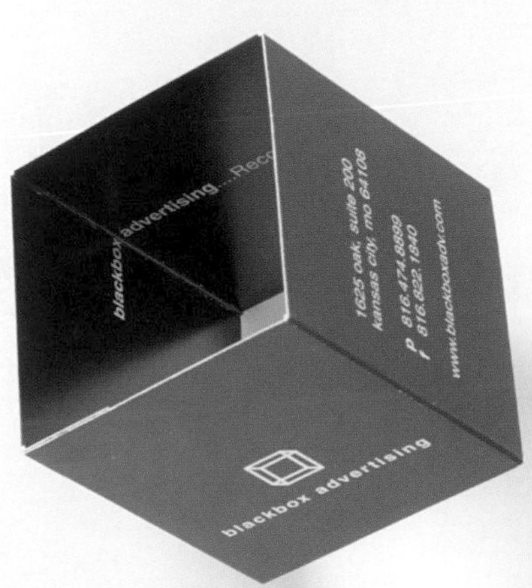

TRACY DESIGN | ART DIRECTOR **JAN TRACY** | DESIGNER **PATRICK SIMONE** | CLIENT **BLACK BOX ADVERTISING**

THE MODERN BALL '05

HELEN SCHWAB
Chairman

SAN FRANCISCO
MUSEUM OF MODERN ART
151 THIRD STREET
SAN FRANCISCO, CA 94103
TEL 415-357-4021

SFMOMA

ELIXIR DESIGN | ART DIRECTOR **JENNIFER JERDE** | DESINGER **NATHAN DURRANT** | CLIENT **SAN FRANCISCO MUSEUM OF MODERN ART**

1

2

1 **LOGIENT** | ART DIRECTOR **PHILIPPE ARCHOUTAKIS** | DESIGNER **CARLOS PONCE** | CLIENT **LOGIENT**
2 **FIREFLY STUDIO PTE LTD** | ART DIRECTOR **MOHD YAZID** | DESIGNER **NORMAN LI** | CLIENT **FIRST MEDIA PTE LTD**

HUTCHINSON ASSOCIATES, INC. | DESIGNER JERRY HUTCHINSON | CLIENT HUTCHINSON ASSOCIATES, INC.

GOUTHIER DESIGN | CLIENT FLORIDA'S FORECLOSURE ALTERNATIVE

The Design Center
at Philadelphia University

the design center

The Goldie Paley House 4200 Henry Avenue Philadelphia, Pennsylvania 19144-5497
tel 215.951.2860 *fax* 215.951.2662 thedesigncenter@philau.edu

The Design Center
at Philadelphia University

the design center

George H. Marcus *Guest Curator*

4200 Henry Avenue
Philadelphia, Pennsylvania 19144-5497
tel 215.732.4297 *fax* 215.951.2662
gmarcus@ix.netcom.com

The Design Center
at Philadelphia University

the design center

The Goldie Paley House
4200 Henry Avenue
Philadelphia, Pennsylvania 19144-5497

BASEMAN DESIGN ASSOCIATES | DESIGNERS FRANK BASEMAN, DENNIS KURONEN | CLIENT THE DESIGN CENTER AT PHILADELPHIA UNIVERSITY

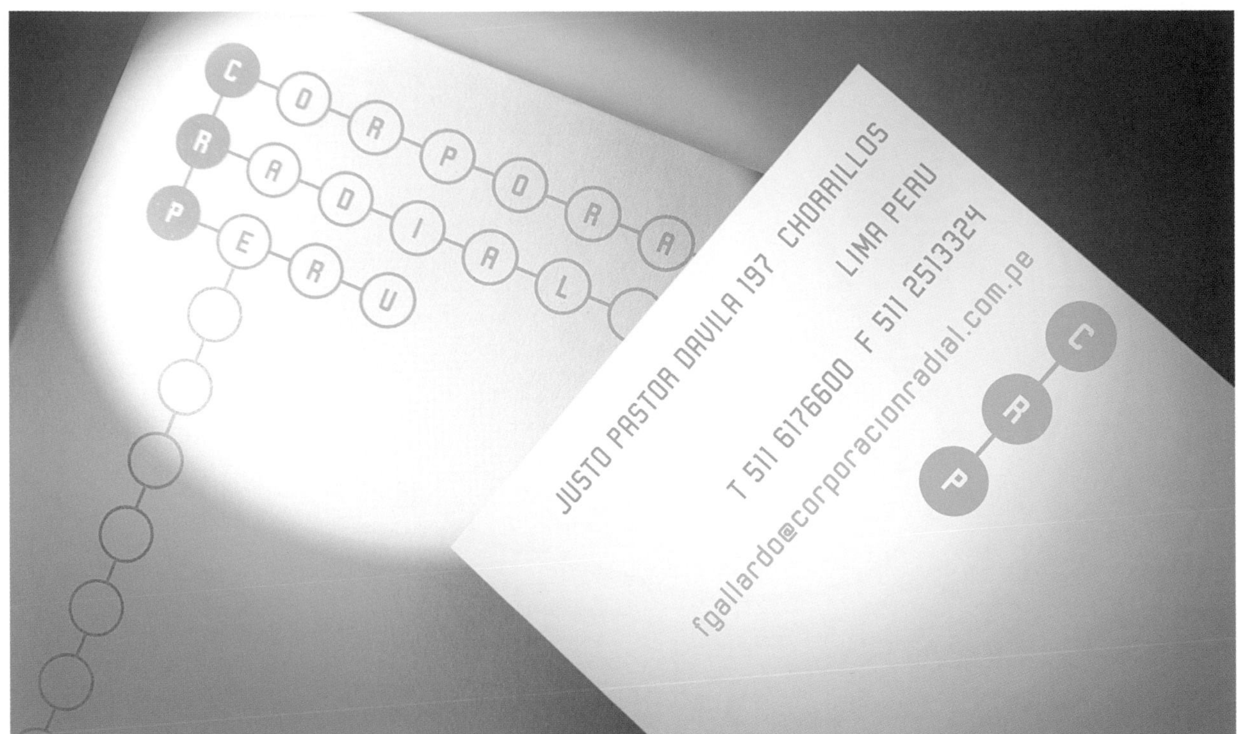

STUDIO A | ART DIRECTORS **ENA ANDRADE, MARÍA JOSÉ BUSTAMANTE** | DESIGNER **CLAUDIA JENSSEN** | CLIENT **CORPORACIÓN RADIAL DEL PERÚ - CRP**
FACING PAGE | **Ó!** | DESIGNER **EINAR GYLFASON** | CLIENT **Ó!**

Ó!
Grafísk hönnun
Holtsgötu 19
101 Reykjavík

840 0220
oid@oid.is
www.oid.is

Ó!
Grafísk hönnun
Holtsgötu 19
101 Reykjavík

EINAR GYLFASON
Hönnuður/FÍT
840 0220
einar@oid.is
www.oid.is

Miscellany: Odds and ends. As with any effort to categorize a unique collection of creative work, there are those examples that simply do not fit within the conventions we have established. The following is a selection of the eclectic, the meritorious, and the otherwise indefinably interesting.

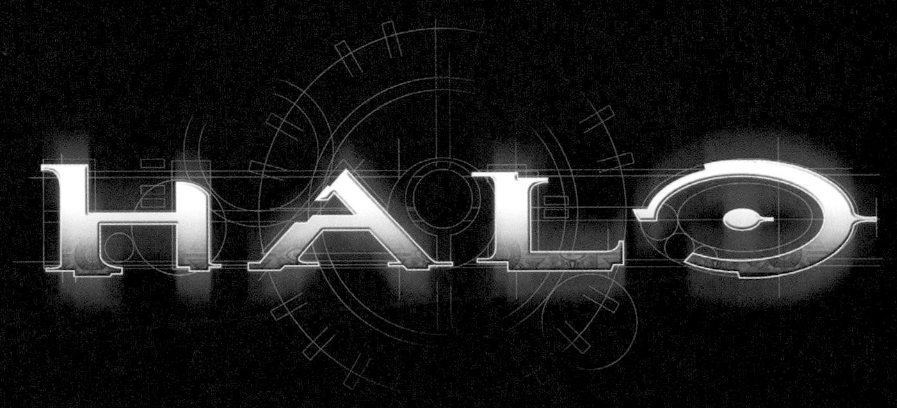
HALO

1

2

3

4

FACING PAGE | **MAKE SALISBURY LLC** | ART DIRECTOR **MIKE SALISBURY** | DESIGNERS **TOR NORHEIM, DERIK HARVIN** | CLIENT **HALO**

1 **DAMION HICKMAN DESIGN** | DESIGNER **DAMION HICKMAN** | CLIENT **SUTRA LOUNGE**

2 **TRUMPET** | ART DIRECTOR **PAT MCGUINESS** | CLIENT **REAL MEX**

3 **IRIDIUM** | DESIGNER **JEAN-LUC DENAT** | CLIENT **LES ALIMENTS FINS LE DUC**

4 **LANDOR ASSOCIATES** | ART DIRECTOR **RACHEL WEAR** | DESINGERS **GRAHAM ATKINSON, ANDY KEENE** | CLIENT **FED EX SERVICE**

1

THE FRENCH
REVOLUTION

2

3

1 **RED HERRING DESIGN** | DESIGNER **NATHAN SAVAGE** | CLIENT **THE HISTORY CHANNEL**
2 **RED HERRING DESIGN** | DESIGNER **NATHAN SAVAGE** | CLIENT **THE HISTORY CHANNEL**
3 **WOW! BRANDING** | ART DIRECTOR **PERRY CHUA** | CLIENT **BEAVER AIRCRAFT**
FACING PAGE | **DESIGN AHEAD** | DESIGNER **AXEL VOSS** | CLIENT **AUTOMOTIV**

Michael Küke
Geschäftsführer

www.auto-motiv.com

Unterdorfstr. 27 | D-45143 Essen
Tel +49(201) 82 33 80 | Fax +49(201) 82 13 22
Mobile (0172) 2 13 03 05
kueke@auto-motiv.com

AutoMotiv - Gemeinschaft zur Durchführung dynamischer Prozesse

1

2

3

1 PINXIT | ART DIRECTOR EROS RIGOLI | DESIGNER RICCARDO CRESTA | CLIENT LE ANTICHE MURA SRL

2 PIERRE RADEMAKER DESIGN | ART DIRECTOR PIERRE RADEMAKER | DESIGNERS PIERRE RADEMAKER, DEBBIE SHIBATA | CLIENT WINTER CONSTRUCTION

3 PIERRE RADEMAKER DESIGN | ART DIRECTOR PIERRE RADEMAKER | DESIGNERS PIERRE RADEMAKER, DEBBIE SHIBATA | CLIENT CITY OF SOLVANG

1 

2 

3 

1 DAMION HICKMAN DESIGN | DESIGNER DAMION HICKMAN | CLIENT MASTER DEVELOPMENT CORP.
2 SKY DESIGN | ART DIRECTOR W. TODD VAUGHT | DESINGER CARRIE WALLACE BROWN | CLIENT PINEWOODS
3 FUEL INC. | ART DIRECTOR BOB ZEIDLER | DESINGERS BILL BOLLMAN, LANCE LETHCOE | CLIENT JOHN DEERE CONSTRUCTION & FORESTRY

Form®

47 Tabernacle Street
London EC2A 4AA, UK

Telephone: +44 (0)20 7014 1430
Fax: +44 (0)20 7014 1431
ISDN: +44 (0)20 7014 1432

Email: studio@form.uk.com
Web: www.form.uk.com

une opération immobilière de MSP PARIS SAS

FACING PAGE | **FORM** | ART DIRECTORS **PAUL WEST, PAULA BENSON** | DESINGERS **NICK HARD, PAUL WEST, PAULA BENSON** | CLIENT **FORM**

CONCRETE | ART DIRECTOR **JILLY SIMONS** | DESIGNERS **JILLY SIMONS, MARGARET MIEDLAR** | CLIENT **LUMIERE**

Peter Grosshauser Illustrations
414 West Cattle Dr. Trail
Flagstaff, AZ 86001
928 774 0022

Peter Grosshauser Illustrations
414 West Cattle Dr. Trail
Flagstaff, AZ 86001
928 774 0022

GINGERBEE CREATIVE | DESIGNER GINGER KNAFF | CLIENT PETER GROSSHAUSER ILLUSTRATIONS

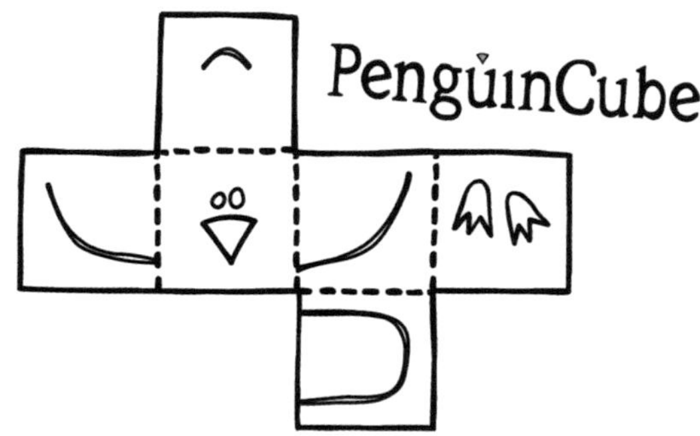

PENGUINCUBE | DESIGNERS **HOSNI AUJI & TAMMAM YAMOUT** | CLIENT **PENGUINCUBE**

1

2

1 **MONDERER DESIGN** | ART DIRECTOR **STEWART MONDERER** | DESIGNER **JASON CK MILLER** | CLIENT **DEAN COLLEGE**

2 **VERLANDER DESIGN** | DESINGER **MARK VERLANDER** | CLIENT **LUDICROUS HARDCORE ENERGY**

61 **86 THE ONIONS**
66 1/2 Windward Ave.
Venice, CA 90291 USA
310.401.0178
310.401.0197
info@86theonions.com

35 **A10 DESIGN**
R: Helena 170/4°-And.
Sae Paulo SP 04552-050
55 11 3845 3503
5511 3845 3503
a10@a10.com.br

192 **A3 DESIGN**
7809 Causeway Dr.
Charlotte, NC 28227 USA
704.568.5351
alan@athreedesign.com

71 **A-BOMBE**
Husumgade 1 1, 2.3
Copenhagen N 2200 Denmark
0045 38106874
section23@SS1-mail.com

90, 141 **AKA CREATIVE**
8426 Pine Court
Victoria, MN 55386 USA
952.443.1986
akacreative@mchsi.com

46, 50 **ALPHABET ARM DESIGN**
273 Summer St. 4th Floor
Boston, MA 02210 USA
617.451.9990
617.451.9922
aaron@alphabetarm.com

67 **ALTERPOP**
1001 Mariposa St. #304
San Francisco, CA 94107 USA
415.558.1515
415.558.8422
mail@alterpop.com

24 **ARTOMAT DESIGN**
119 S. Main St. #210
Seattle, WA 98104 USA
206.623.9294
206.623.9380
mark@artomatdesign.com

110 **AUFULDISH & WARINNER**
183 The Alameda
San Anselmo, CA 94960 USA
415.721.7921
415.721.7965
bob@aufwar.com

95 **BAM AGENCY**
180 Commercial St. NE
Suite 4
Salem, OR 97301 USA
503.566.7878
503.566.7879
info@bamagencyinc.com

38, 219 **BASEMAN DESIGN ASSOCIATES**
221 Mather Road
Jenkintown, PA 19046 USA
215.885.7157
215.885.7156
frank@basemandesign.com

68, 169 **BE.DESIGN**
1306 Third Street
San Rafael, CA 94901 USA
415.451.3530
415.451.3532
shinichi_eguchi@beplanet.com

164 **BILLY BLUE CREATIVE**
P.O. Box 728
North Sydney Australia
612.9492.3222
612.9955.9377
justin@billyblue.com.au

86, 130 **BLACKCOFFEE®**
840 Summer Street
Boston, MA 02127 USA
617.268.1116
info@blackcoffee.com

2 **BLACKDOG**
409 Sunnyslope Ave.
Petaluma, CA 94952 USA
707.769.9082
www.blackdog.com
mfox@blackdog.com

66 **BONDEPUS DESIGN**
807 Haight St., Suite 2
San Francisco, CA 94117 USA
650.941.0221
gary@bondepus.com

77, 154 **BOY + GIRL DESIGN**
18 Pond St.
Greenfield, MA 01301 USA
413.563.7837
toddverlander@comcast.net

87 **BRAIN MAGNET**
113 5th Ave. S.
St. Cloud, MN 56301
320.257.3000
info@brainmagnet.com

90, 98 **BRUKETA & ZINIC**
Zavrtnica 17
Zagreb, 10000 Croatia
+385 1 6064000
+385 1 6064 001
bruketa-zinic@bruketa-zinic
.com

92, 177 **BÜROCRATIK**
Rua Principal, 68
Casal de S. Pedro, Figueiró do
Campo Portugal
+351 919 251 842
+351 239 646 292
cavaco@burocratik.com

34 **CACAO DESIGN**
C. So San Gottardo
Milan, Italy
+39 02 89422896
+39 02 58106789
mauro@cacaodesign.it

193 **CAVE DESIGN**
3500 NW Boca Raton Blvd.,
Suite 808
Boca Raton, FL 33431 USA
561.417.0780
561.417.0490
maria@caveimages.com

163 **CESART**
700 Wellington S. 2200
Montreal, QC H3C 3S4 Canada
514.288.4333
514.288.6980
luc.Bosse@cesart.com

127 **CHENG DESIGN**
2433 E. Aloha St.
Seattle, WA 98112 USA
206.328.4047
206.685.2773
karencheng@comcast.net

108, 127 **CHEN DESIGN ASSOCIATES**
589 Howard Street, 4th Floor
San Francisco, CA 94105 USA
415.896.5338
415.896.5339
info@chendesign.com

62 **CINCO DE MAYO DESIGN**
5 De Mayo NO J058 PTE
Monterrey, Nuevo Leon 6400
Mexico
83425242
83425242
malonis@cincodemayo.to

60 **CIRCO DE BAKUZA**
3655 St-Laurent #202
Montreal, QC, H2X 2V6
Canada
514.844.4202
thomas@circodebakuza.com

49, 170 **CIRCLE K STUDIO**
300 Brannan Suite 308
San Francisco, CA 94107 USA
415.243.0606
415.243.0609
julie@circlekstudio.com

205 **CLARK DESIGN**
One N. Main
Honeote Falls, NY 14472 USA
585.624.3895
glennc@rochester.rr.com

18 **COLOUR MOVIE**
4420 Overland Ave. Unit A
Culver City, CA 90230 USA
310.558.9659
f@hellomeme.com

231 **CONCRETE**
407 S. Dearborn St., Ste. 230
Chicago, IL 60605 USA
312.427.3733
312.427.9053
jilly@concrete-us.com

126 **COSTELLO COMMUNICATIONS**
1415 N. Dayton St.
Chicago, IL 60622 USA
312.255.9825
312.255.0950
james@costellocommunications
.com

89, 123 **CUSP DESIGN**
11 Village St. #2
Somerville, MA 02143 USA
617.623.8065
617.588.0188
doliver@cuspdesign.com

67, 165, 225, 229 **DAMION HICKMAN DESIGN**
1760 Kaiser Ave.
Irvine, CA 92614 USA
949.261.7857
949.261.5966
damion@damionhickman.com

111 **DAVIES ASSOCIATES**
9424 Dayton Way #217
Beverly Hills, CA 90210 USA
310.247.9572
310.247.9590
cdavies@daviesla.com

166, 227 **DESIGN AHEAD**
Ruschenstrasse 18
45133 Essen Germany
0049 201 842060
0049 201 8420620
mail@design-ahead.com

79 **DESIGN INFINITUM**
2127 N. Albina Ave., #302
Portland, OR 97227-1748 USA
503.292.3592
503.292.3592
info@designinfinitum.com

64 **DESIGNSKI LLC**
3150 N. Republic Ste. 4
Toledo, OH 43615 USA
419.841.3543
419.843.7289
denny@designski.com

191 **DIALOG**
3 Clifton Villas
London W9 2PH England
0044 207 289 0262
0044 207 266 3359
david@dialog.biz

71, 91 **DOSSIERCREATIVE INC.**
402 611 Alexander St
Vancouver, BC Canada
604.255.2077 x40
604.255.2097
kiki@dossiercreative.com

103, 154 **DOTZERO DESIGN**
208 SW Stark St., #307
Portland, OR 97204 USA
503.892.9262
jonw@dotzerodesign.com

196, 197 **ELEMENT**
3292-C North High St.
Columbus, OH 43202 USA
614.447.0906
614.447.1417
jeremy@elementville.com

59 **ELEVATOR**
Banaberislavida 1
Split 21000 Croatia
021 332 800
021 332 801
tony@elevator.hr

146, 215 **ELIXIR DESIGN**
2134 Van Ness Ave.
San Francisco, CA 94109 USA
415.834.0300
415.834.0101
nd@elixirdesign.com

DIRECTORY

18 **EMPIRE DESIGN STUDIO**
1133 Broadway, Suite 1610
New York, NY 10010 USA
646.638.1021
646.638.1022
gary@empiredesignstudio.com

67, 90, 92, 175 **ENTERPRISE IG**
19 Tambach Road
Sunninghill, Gauteng 2157
South Africa
+27 11 319 8000
+27 11 319 8093
beverley@enterpriseig.co.za
dave.holland@enterpriseig.co.za

37, 73 **EVENSON DESIGN GROUP**
4445 Overland Avenue
Culver City, CA 90230 USA
310.204-1995
310.204.4879
aavila@evensondesign.com

17, 185, 216 **FIREFLY STUDIO PTE LTD**
161 Neil Road Level Two
Singapore 088885 Singapore
65 6324 6369
65 6324 1145
norman@firefly.com.sg

64, 105, 149, 166, 173, 193, 200, 230 **FORM**
47 Tabernacle St.
London EC2A 4AA,
United Kingdom
020 7 014 1430
020 7 014 1431

229 **FUEL INC.**
800 N. Compton Drive, Ste. 1
Hiawatha, IA 52233 USA
319.393.7739
319.393.7742
jemoes@fuelrefinery.com

37, 69, 131, 162 **GARDNER DESIGN**
3204 E. Douglas
Wichita, KS 67208 USA
316.691.8808
316.691.8818
elisabeth@gardnerdesign.com

189 **GENE LEE DESIGN**
50 West 77 St., Suite 4B
New York, NY 10024 USA
646.522.9326
info@geneleedesign.com

59, 190 **GEYRHALTER DESIGN**
2525 Main St., Suite 205
Santa Monica, CA 90405 USA
310.392.7615
310.396.0096
fabian@geyrhalter.com

103, 147, 232 **GINGERBEE CREATIVE**
44 N. Last Chance Gulch
Helena, MT 59601 USA
406.443.3032
406.443.2323
studio@gingerbee.com

51, 64, 155 **GLITSCHKA STUDIOS**
5165 Sycan Ct. SE
Salem, OR 97306 USA
503.581.5340
503.585.8190
info@glitschka.com

209 **GO WELSH!**
987 Mill Mar Rd.
Lancaster, PA 17601 USA
717.569.4040
717.569.3707
cwelsh@gowelsh.com

87 **ELLEN GOULD**
4244A Gilbert St.
Oakland, CA 94611 USA
510.325.0559
415.543.9058
occupant22@sbcglobal.net

188, 218 **GOUTHER DESIGN**
2604 NW 54 Street
Fort Lauderdale, FL 33309 USA
954.739.7430
954.739.3746
jon@gouthier.com

189 **GRAPEFRUIT**
Ipsilanti 45
Iasi Iasi 700029 Romania
+40 (232) 233 068
+40 (232) 233 068
office@gd.ro

183 **GRAPHICULTURE**
322 1st Ave. N. #500
Minneapolis, MN 55401 USA
612.339.8271
612.339.1436
janice.stanford@graphiculture.com

213 **GRAPHISCHE FORMGEBUNG**
Pulverstrasse 25
44869 Bochum Germany
+49 23 27 95 76 21
+49 23 27 95 76 22
herbert.rohsiepe@t-online.de

69, 147, 204 **GRETEMAN GROUP**
1425 E. Douglas Ave., 2nd Floor
Wichita, KS 67211 USA
316.263.1004
316.263.1060
sgreteman@gretemangroup.com

201 **HEATH KANE DESIGN**
Flat 1, 35 Muswell Hill Rd
London N1D 35B United Kingdom
+44 208 374 0576
mail@heath-kane.com

73, 105 **HERRAINCO SKIPP HERRAINCO**
202-134 Abbott Street
Vancouver BC V6B 2K4 Canada
604.688.5334
604.688.6917
ray@herraincoskipp.com

166, 169 **HULA + HULA**
Miramontes #2320
Mexico D. F. Mexico
(52) 55 56 847362
(52) 55 56 847362
aloha@hulahula.com.mx

96, 119, 217 **HUTCHINSON ASSOCIATES, INC.**
1147 West Ohio Street, Suite 305
Chicago, IL 60622 USA
312.455.9191
312.455.9190
hutch@hutchinson.com

165, 190 **IAAH/IAMALWAYSHUNGRY**
4011 Leeward Ave.
Los Angeles, CA USA
205.401.8001
ness@iamalwayshungry.com

33, 125 **INPRAXIS, KONZEPT & GESTALTUNG**
Nigerstrasse 4
Munich, 81675 Germany
+49 89 444398-60
+49 89 444398-80
kontakt@inpraxis.com

66, 99, 225 **IRIDIUM**
43 Eccles Street, 2nd Floor
Ottawa, Ontario K1R 6S3
Canada
613.748.3336
613.748.3372
mario@iridium192.com

116, 206 **ISOTOPE 221**
232 Washington Ave., 4th Floor
Brooklyn, NY 11205 USA
718.783.3092
info@isotope221.com

95, 168, 206 **JAGER GROUP**
100 Grandville Ave.
Grand Rapids, MI 49503 USA
616.235.7700
616.235.0580
rjackson@jagergroup.com

27 **JOSHUA MCDONNELL**
1437 E. Pussyunk Ave. 3F
Philadelphia, PA 19147 USA
215.551.7149
jm@joshuamc.com

48 **JUICEBOX DESIGNS**
4709 Idaho Avenue
Nashville, TN 37209 USA
615.297.1682
615.297.1688
jay@juiceboxdesigns.com

172 **KENDALL ROSS**
1904 Third Avenue #1005
Seattle, WA 98101 USA
206.262.0540
206.262.0693
emofasser@kendallross.com

46, 152, 153, 172, 184 **KINETIC SINGAPORE**
2 Leng Kee Road
Thye Hong Centre #04-03A
159086 Singapore
+65 63795320
+65 64725440
roy@kinetic.com.sg

83, 131, 189, 225 **LANDOR ASSOCIATES**
1001 Front St.
San Francisco, CA 94111 USA
415.365.1700
415.365.3188
trisha_dean@sfo.landor.com

44 **LEWIS COMMUNICATIONS—NASHVILLE**
30 Burton Hills Blvd., Suite 207
Nashville, TN 37215 USA
615.661.4995
615.661.4772
robert@lewiscommunications.com

61, 169, 172 **LISKA & ASSOCIATES**
515 N. State St., 23rd Floor
Chicago, IL 60610 USA
312.644.4400
312.644.9650
agray@liska.com

68, 109, 150 **LLOYDS GRAPHIC DESIGN LTD.**
17 Westhaven Place
Blenheim New Zealand
+64 3 578 6955
+64 3 578 6955
lloydgraphics@xtra.co.nz

216 **LOGIENT**
5685, 6th Avenue
Montreal, QC H2Y 1R1 Canada
514.909.3122
514.288.6980
design@philippearchontakis.com

110,161 **LOWERCASE, INC.**
213 West Institute Place,
Suite 311
Chicago, IL 60610 USA
312.274.0652
312.274.0659
info@lowercaseinc.com

21 **MALCOLM GREAR DESIGNERS**
391-393 Eddy St.
Providence, RI 02903 USA
401.331.2891
401.331.0230
jay14@mgrear.com

144 **MANASTERIOTTI DESIGN STUDIO**
Bulićeva 3
Zagreb, 10000 Croatia
+38598 253 466
igor@mds01.com

160 **MARC ENGLISH DESIGN**
2130 Goodrich Ave.
Austin, TX 78704 USA
512.441.7215
512.441.5886
shaman@marcenglishdesign.com

DIRECTORY

82 **YUMI MATSUZAKI**
140 St. James Place, Apt #3F
Brooklyn, NY 11238 USA
917.628.3978
718.623.9117
aur3tx@hotmail.com

26, 193 **MDG**
13 Water Street
Holliston, MA 01746 USA
508.429.0755
508.429.0766
meaton@m-d-g.com

163 **ME. ME**
4420 Overland Ave. Suite A
Culver City, CA 90230 USA
310.558.9659
v@hellomeme.com

37 **MEATON DOT NET**
67 Upland Road
Attleboro, MA 02703 USA
617.460.4960
meaton@meaton.net

128, 138, 140, 174, 210 **MENDE DESIGN**
1126 Folsom, #3
San Francisco, CA 94103 USA
415.309.8165
415.431.9695
jeremy@mendedesign.com

32, 39, 117 **MERYL POLLEN DESIGN**
6059 Metropolitan Plaza
Los Angeles, CA 90036 USA
323.571.3898
323.571.3897
mpollen@comcast.net

58, 60, 106 **METHOD ART & DESIGN**
2427 W. 25th St. N.
Wichita, KS 67204 USA
316.210.3272
316.838.4435
methodartanddesign@cox.net

176 **MGMT. DESIGN**
55 Washington Street, #704
Brooklyn, NY 11201
718.855.6262
718.855.6579
alicia@mgmtdesign.com

203 **MICHAEL POWELL DESIGN**
88 Union Avenue, Suite 105
Memphis, TN 38103 USA
901.578.7898
901.578.7878
mike@michaelpowelldesign.com

224 **MIKE SALISBURY LLC**
P. O. Box 2309
Venice, CA 90294 USA
310.392.8779
310.392.9488
mikesalcom@aol.com

88, 100 **MILCH DESIGN**
Baader Str. 19
Munich 80469 Germany
0049 89 520466-0
0049189 520466-21
judith-may@milch-design.de

9, 10, 11, 12, 13 **MINE™**
190 Putnam St.
San Francisco, CA 94110 USA
415 647 6463
cchs@minesf.com

95, 234 **MONDERER DESIGN**
2067 Massachusetts Ave.
Cambridge, MA 02140 USA
617.661.6125
stewart@monderer.com

120, 133 **MORTENSEN DESIGN INC**
416 Bush Street
Mountain View, CA 94041 USA
650.988.0946
650.988.0926
gordon@mortdes.com

94 **NINA DAVID KOMMUNIKATIONSDESIGN**
Eisenstrasse 31
Duesseldorf NRW 40227
Germany
+49 211 7 333 290
+49 211 7 952 441
mail@ninadavid.de

16, 17, 122, 172 **NOON**
592 Utah Street
San Francisco, CA 94110 USA
415.621.4922
415.621.4966
info@designatnoon.com

221 **Ó!**
Klapparstíg 16
Reykjavik 101 Iceland
+354 562 3300
+354 562 3300
einar@oid.is

190 **OAKLEY DESIGN STUDIOS**
519 SW Park Ave., Ste 405
Portland, OR 97205 USA
503.241.3705
503.241.3812
oakleyds@oakleydesign.com

19, 29, 81 **OCTAVO DESIGN**
130 Kerr Street
Fitzroy Australia
+613 9417 6022
+613 9417 6255
info@octavodesign.com.au

177 **OFFICE FOR DESIGN**
13B Nicolson House,
107 Nicolson Street
Brooklyn, Pretoria, Gauteng
South Africa
+27 12 346 7075
+27 12 343 4006
paula@officefordesign.co.za

17 **PARAGON MARKETING COMMUNICATIONS**
P. O. Box 6097
Salmiya, 22071 Kuwait
+965 600 99 77
+965 571 59 85
Louai@paragonmc.com

64 **PAVONE**
1006 Market St.
Harrisburg, PA 17101 USA
717.234.8886
717.234.8940
rsmith@pavone.net

233 **PENGUINCUBE**
P. O. Box 113-6117, Hamra 1103
2100
Beirut Lebanon
+961 3 937305
tammam@penguincube.com

76 **PENTAGRAM DESIGN/SF**
387 Tehama Street
San Francisco, CA 94103 USA
415.896.0499
415.541.9106
lawson@sf.pentagram.com

52, 53, 80, 106, 129, 179, 199 **PH.D**
1524A Cloverfield Blvd.
Santa Monica, CA 90404 USA
310.829.0900
310.829.1859
phd@phdla.com

154, 228 **PIERRE RADEMAKER DESIGN**
738 Higuera St. Suite F
San Luis Obispo, CA 93401 USA
805.544.7774
805.544.0832
lg@rademakerdesign.com

37, 72, 198 **PING-PONG DESIGN**
Rochussenstraat 400
3015 ZC Rotterdam
The Netherlands
+31(0) 10 436 57 44
+31 (0) 10 436 45 60
info@pingpongdesign.com

228 **PINXIT**
Via Salata 9/11
16121 Genova
010 5451435
010 8680843
erigoli@pinxit.it

84, 202, 212 **PLAZM**
P. O. Box 2863
Portland, OR 97208 USA
503.528.8000
503.528.8092
josh@plazm.com

132, 178, 180 **POULIN & MORRIS INC.**
286 Spring St., 6th Floor
New York, NY 10013 USA
212.675.1332
212.675.3027
info@poulinmorris.com

22, 23, 148, 186 **PUBLIC**
10 Arkansas St./L
San Francisco, CA 94107 USA
415.863.2541
415.863.8954
lindsay@publicdesign.com

46, 175 **PUNCHCUT**
130 Bush St. 8th Flr.
San Francisco, CA 94104 USA
415.445.8855
415.445.8857
benson@punchcut.com

182 **Q**
Sonnenberger Str. 16
Wiesbaden, 65193 Germany
0049-611-18 13 10
0049-611-18 13 118
info@q-home.de

62 **RED DOG DESIGN CONSULTANTS**
40 Lower Kevin Street
Dublin 8 Ireland
(00353) 1476 0180
(00353) 1418 9820
mary.doherty@reddog.ie

61, 226 **RED HERRING DESIGN**
75 Varick Street Rm. 1508
New York, NY 10013 USA
212.219.0557
212.219.0720
cb@rhdnyc.com

106, 145, 203 **RICK JOHNSON & COMPANY**
1120 Pennsylvania NE
Albuquerque NM 87110 USA
505.266.1100
505.262.0525
tmcgrath@rjc.com

61 **RICOCHET CREATIVE THINKING**
319 Crichton Street
Ottawa, ON Canada
613.789.5232
613.789.5317
steve@ricochetcreativethinking.ca

114 **RIORDON DESIGN**
131 George Street
Oakville, ON L6J 3B9 Canada
905.339.0750
905.339.0753
group@riordondesign.com

56, 68 **SABET BRANDS**
1760 Kaiser Ave.
Irvine, CA 92614 USA
949.395.8134
ali@sabet.com

65, 139, 167 **SAGMEISTER INC.**
222 West 14 Street
New York, NY 10011 USA
212.647.1789
212.647.1788
stefan@sagmeister.com

143, 177 **SALT BRANDING**
30 Hotaling Place, 1st Floor
San Francisco, CA 94111 USA
415.616.1515
415.362.3495
cesar@saltsf.com

107 **SALVA O'RENICK**
511 Delaware, Suite 1
Kansas City, MO 64105 USA
816.842.6996
816.842.6989
mpaoletti@uncommonsense.com

DIRECTORY

34, 36, 62, 105 **SIMON & GOETZ DESIGN**
Westhafen Pier I, Rotfeder-Ring 11
60327 Frankfurt/Main Germany
+49 (0) 69 968855 0
+49 (0) 69 968855 23
a.hellweg@simongoetz.de

85, 229 **SKY DESIGN**
50 Hurt Plaza, Suite 500
Atlanta, GA 30303 USA
404.688.4702
404.688.2255
skydesign@at.asdnet.com

56 **SPARC, INC.**
824 Humboldt Ave.
Winnetka, IL 60093 USA
847.784.3100
847.784.3101
rcassis@sparcinc.com

171 **ST. IVES/CREATIVE SIDE**
13449 NW 42 Ave.
Miami, FL 33054 USA
305.685.7381 ext. 457
305.685.3448
jeff.kincaid@stivescreative.com

20 **STOLLER DESIGN GROUP**
1818 Harmon St.
Berkeley, CA 94703 USA
510.658.9771
510.658.9772
tia@planetstoller.com

59, 165 **STUDIO SONSOLES LLORENS**
CASP 56 4° DCHA
08010 Barcelona Spain
+34 934 124 171
+34 934 124 298
info@sonsoles.com

47, 93, 220 **STUDIO A**
Salaverry 3328
Lima 17 Peru
511 264 2886
511 264 2891
v.majluf@studioa.com.pe

70, 208 **SUBPLOT DESIGN INC.**
301-318 Homer Street
Vancouver BC V6B 2V2 Canada
604.685.2990
604.685.2909
info@subplot.com

175 **UMUT SÜDÜAK**
Gorimuntarpasa Sok. No: 45/29
Istanbul 34724 Turkey
+90 216 414 9948
+90 216 478 4969
usuduak@tnn.net

73, 144 **SULLIVANPERKINS**
2811 McKinney Ave. Suite 320
Dallas, TX 75039 USA
214.922.9080
214.922.0044
jarrod.holt@sullivanperkins.com

66 **SUSSNER DESIGN COMPANY**
212 3rd Avenue North, Suite 505
Minneapolis, MN 55401 USA
612.339.2886
612.339.2887
derek@sussner.com

92, 105, 158, 159 **TALISMAN INTERACTIVE**
4169 Main Street, Suite 200
Philadelphia, PA 19127 USA
215.482.6600 ext. 223
215.482.0600
mmcdonald@talismaninteractive.com

57 **TANAGRAM PARTNERS**
855 West Blackhawk
Chicago, IL 60622 USA
312.787.6831
312.787.6834
info@tanagram.com

97 **TEMALIDESIGN**
61 Russell Road
Albany, NY 12205 USA
518.265.2478
terri@temalidesign.com

25, 187, 207 **TEMPLIN BRINK DESIGN**
720 Tehama Street
San Francisco, CA 94103 USA
415.255.9295
415.255.9296
jtemplin@tbd-sf.com

30 **THE JONES GROUP**
342 Marietta St. NW #3
Atlanta, GA 30313 USA
404.523.2606
404.522.6187
vicky@thejonesgroup.com

121 **TILKA DESIGN**
921 Marquette Ave., Suite #200
Minneapolis, MN 55402 USA
612.664.8994
612.664.8991
jtilka@tilka.com

150 **TIM SMITH DESIGN**
6864 Shamrock Circle
Loveland, OH 45140 USA
513.519.8919
614.559.6529
tsmith@timsmithdesign.com

124, 214 **TRACY DESIGN**
118 S. W. Blvd.
Kansas City, MO 64108 USA
816.421.0606
816.421.0177
jan@tracydesign.com

66 **TREIBSTOFF WERBUNG**
Lohbergstr. 76
Herdecke 58313 Germany
+49 2330 8032 812
+49 2330 8032 810
bielicki@treibstoff-werbung.de

225 **TRUMPET**
839 St. Charles Ave.
New Orleans, LA 70130 USA
205.401.8001
ness@iamalwayshungry.com

56 **TURNER DUCKWORTH**
831 Montgomery St.
San Francisco, CA 94133 USA
415.675.7777
415.675.7778
joanne@turnerduckworth.com

101 **TYPE G**
130 South Cedros Ste 3
Solana Beach, CA 92075 USA
858.792.7333
858.792.8733
miken@typegdesign.com

51, 69, 166, 190 **UP DESIGN BUREAU**
209 East William, Suite 1100
Wichita, KS 67202 USA
316.267.1546
316.267.3760
cp@updesignbureau.com

87, 137, 145, 234 **VERLANDER DESIGN**
P.O. Box 370156
Montara, CA 94037 USA
online@verlanderdesign.com

102 **VINEGAR HILL PRINTERS, LLC**
170 Tillary St. #506
Brooklyn, NY 11201 USA
718.858.7379
amelia@vinegarhillprinters.com

58, 151, 181, 211 **VOICE**
217 Gilbert Street
Adelaide SA 5000 Australia
618 8410 8822
618 8410 8933
info@voicedesign.net

28 **VRONTIKIS DESIGN OFFICE**
2707 Westwood Blvd.
Los Angeles, CA 90064 USA
310.446.5446
310.446.5456
pv@35k.com

40, 45, 54, 55 **WATTS DESIGN**
66 Albert Road
South Melbourne, Victoria, 3205 Australia
61 3 9696 4116
61 3 9696 4006
peter@wattsdesign.com.au

163 **JOEL WASSERMAN**
P. O. Box 442
Sydney NSW 1360 Australia
+61 411226467
joel@gwarsh.com

78, 177 **WEMAKE DESIGN**
2 Janeville, Off St. Kevins Parade, Dublin 8, Ireland
353 1 4738498
nik@wemakedesign.com

142 **WILLOUGHBY DESIGN GROUP**
602 Westport Rd.
Kansas City, MO 64111 USA
816.561.4189
816.561.5052
slee@willoughbydesign.com

18, 31, 115, 226 **WOW! BRANDING**
101-1300 Richards
Vancouver, BC V6B 3G6 Canada
604.683.5655
866.877.4032
tara@wowbranding.com

118 **XMI DESIGN**
The Malting Tower, Grand Canal Quay
Dublin 2 Ireland
00 353 1 661 7600
00 3531 661 7610
denis@xmi.ie

71 **Y & R**
303 2nd Street, 8th Floor
San Francisco, CA 94107 USA
415.882.0600
415.882.0745
chris_rooney@sfo.yr.com

DIRECTORY

Thank you.

A debt of gratitude is owed to the following:

Amelie Wen
Judge, Statistician, Partner

Tim Belonax
Designer, Inquisitor, Advocate

Cindy Wang
Recorder

Kristin Ellison (Rockport)
Editor, Initiator

Regina Grenier (Rockport)
Coordinator, Encourager, Elevator

W9-AVY-761
3 9048 08747415 5

Coordinación: Juan Pedro Castellano
Edición: Juan Antonio Castro
Traducción: Equipo Edelvives

Título original: The Angel and the Lamb

Carretera de Madrid, km. 315,700
50012 Zaragoza

ISBN: 978-84-263-7125-6
Impreso en China

El Ángel y el Cordero

Sophie Piper
Ilustración de: Kristina Stephenson

EDELVIVES

Corderito se acercó a su pastor. ¡Nunca antes había visto el camino a Belén tan lleno de gente!

«¿Qué sucede?», preguntó el pastorcillo.

«Todo el mundo tiene que ir y apuntar sus nombres en una lista», le respondieron.

«El emperador quiere tener un listado de todos los que pagan impuestos».

Cuando el camino se despejó, Ben, el pastorcito, continuó caminando con Corderito y su rebaño tras él.

«Estoy contento de no tener que llegar a Belén esta noche», dijo Ben. «Estará lleno de gente».

«Pasaremos la noche en las colinas, bajo las estrellas».

De hecho, una estrella muy brillante lucía en el cielo que ya se iba oscureciendo.

De repente, Corderito tuvo una idea. Quizá fuese muy divertido ir a Belén. Sin pensárselo dos veces, se escondió detrás de un espino y espero allí hasta que el rebaño pasó.

Entonces corrió.
Y corrió.

Y corrió.

Corrió tan rápido
y tan lejos como fue
capaz.

Corderito podía oír cómo Ben le llamaba. Pero sabía que Ben no podía verlo.

Todo lo que tenía que hacer era esperar a que se alejase.

Entonces podría seguir
el camino a Belén.

Ben descendió lentamente de la colina y subió hasta la siguiente. Luego volvió junto a los otros pastores. «No puedo encontrar a mi cordero», dijo. «¿Os importaría vigilar al rebaño mientras voy a buscarlo?»

Los pastores negaron con gestos. «Es peligroso andar por las colinas de noche», dijeron. «Podemos ir contigo por la mañana».

Cuando el sol se ocultó tras las colinas, todo se fue oscureciendo.

Corderito no estaba en el camino que llevaba a Belén.

Corderito había caído dentro de un hoyo lleno de espinos.

Se hizo de noche.
Corderito oía a los
animales ulular
y aullar.
Podía oírles
resoplar
y gruñir.

Desde allí podía ver cómo unas sombras se le acercaban sigilosamente.

También veía sus ojos... ¡Vaya ojos!

De repente brotó un remolino de luz, brillante como una cascada y cálido como la luz del sol.

¿De verdad
eran ángeles?

«¿Puedo ayudarte?», preguntó una voz.

Era un ángel, no más alto que Ben.

Pero su voz era más musical que el sonido de una flauta.

De los rizos dorados del ángel brotaba una claridad que alejaba la oscuridad.

«Ven conmigo», dijo el ángel. «Conozco un lugar donde estarás seguro».

El ángel guió a Corderito colinas arriba y abajo por el camino de Belén.

Allí, en un pequeño establo, entre animales, estaban los dos viajeros a los que había preguntado Ben.

La mujer tenía entre sus brazos un bebé recién nacido.

«Hola, Corderito», dijo la madre. «¿Estás buscando tu casa?»

Un poco más tarde, Ben y los otros pastores entraron corriendo por la puerta.

«¡Vimos ángeles!», gritó Ben. «Nos dijeron que encontraríamos a un niño... y aquí está».

«Y aquí hay un cordero», dijo la madre. «¿Se había perdido?»

«¡Sí!», respondió Ben, «¡Qué feliz estoy de haberlo encontrado!»

El ángel desapareció en la oscuridad de la noche mientras Ben acercaba a Corderito junto al niño... y sonrió.

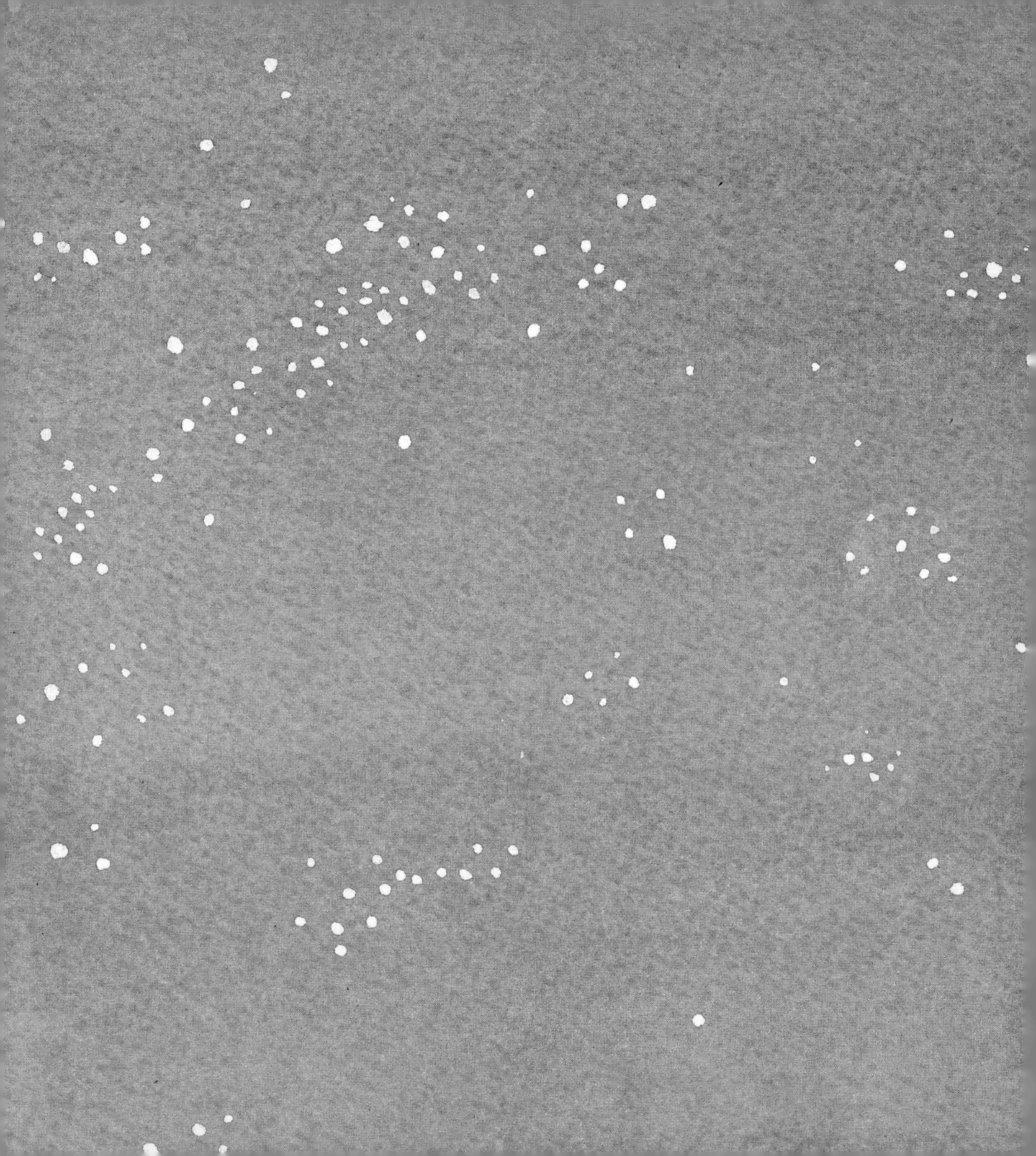